活出自己

New Business Women
新商业女性 **新女性IP成长指南**

新商业女性 出品 **彭洁 谢菁** 主编

华中科技大学出版社
http://www.hustp.com
中国·武汉

图书在版编目(CIP)数据

活出自己:新女性 IP 成长指南/彭洁,谢菁主编. —武汉:华中科技大学出版社,2022.7

ISBN 978-7-5680-8493-2

Ⅰ.①活… Ⅱ.①彭…②谢… Ⅲ.①女性-创业-指南 Ⅳ.①F241.4-62

中国版本图书馆 CIP 数据核字(2022)第 105639 号

活出自己:新女性 IP 成长指南
Huochu Ziji:Xinnüxing IP Chengzhang Zhinan

彭洁　谢菁　主编

策划编辑:	沈　柳	
责任编辑:	沈　柳	
装帧设计:	琥珀视觉	
责任校对:	刘小雨	
责任监印:	朱　玢	
出版发行:	华中科技大学出版社(中国·武汉)	电话:(027)81321913
	武汉市东湖新技术开发区华工科技园	邮编:430223
录　　排:	武汉蓝色匠心图文设计有限公司	
印　　刷:	湖北新华印务有限公司	
开　　本:	710mm×1000mm　1/16	
印　　张:	17	
字　　数:	243 千字	
版　　次:	2022 年 7 月第 1 版第 1 次印刷	
定　　价:	50.00 元	

本书若有印装质量问题,请向出版社营销中心调换
全国免费服务热线:400-6679-118　　竭诚为您服务
版权所有　侵权必究

contents

本书导读 ·· 001

第一章 新商业女性 ·· 003

新商业女性简介 ·· 004
吉祥物——粉豹 ·· 008
创始人王辣辣——你追逐的，是谁眼里的成功呢？ ······ 011

第二章 公益：你服务的人越多，你的效能就越大！ ··· 021

星星海——从一颗"星星"到一片"星星海"
·· 星星海/025

星星海曾经历尽生活磨难，也获得过来自各方的善意。当她有能力后，全心全意地投身公益，想报以世界温暖和美好时，却发现自己的力量微不足道。做了五年全职公益人后，她绝望地回归家庭，但进入新商后，她从一颗蒙尘的"星星"变为可以点亮一片"星星海"的"星外婆"，力量开始迸发，找到了自己的定位和持续成长的方向。

平凡人有大梦想 ·· 小小白/036

小小白很认真地分享她自己如何打造人格IP，具体到每一个步骤、每一个关键节点，但谈得最多的还是如何真正地去帮助和支持别人。她说："那一刻我明白了，你帮助了多少人，你让多少人的人生因为认识你而发生改变，并变得更加美好，你就有多大的影响力。"

听见心声，过璀璨的人生 …………………… 婧宜/043

在婧宜故事的前半段，我们看到的是一个职场女精英让人羡慕的自由人生，她谈的貌似是围绕"个体"——听从内心的声音，但她在自己的生命历程里，当内在力量不断增强，认知不断拓宽边界，她看向的其实是更广阔的海洋。她开始关注生态、关注文化传承、关注爱。把她的文章放在这里，是让我们看到一个从关注个人到关注公众的过程，这往往是我们不断向上突破认知局限的结果。

第三章 独立意识：让每个女性经济独立、人格独立 … 050

我是如何从兽医领域走向新经济 IP 的？ …… 晴语/054

晴语自小一心想出人头地，在家希望获得父母的肯定，在学校要获得师长的肯定，在单位努力工作，想获得领导的肯定，她唯独没能因为做自己而获得过肯定。因此，她第一次在新商获奖时，她哭了，她觉得自己"被看见"了："我要勇敢做自己，我现在正视和接纳我所有的一切，我也想让我周围的人变得更好，因为每个女性都值得'被看见'。"当我们能挣脱别人的评价体系而"看见"自己时，独立意识就开始萌芽了。

不断清零、重启过的人生是什么样的体验 … 果子露/063

果子露个性活泼，她从显然不适合自己的程序员毅然转行去销售保险，还坚持不卖熟人，非要自己打拼。离开家庭的温室，去寻求蜕变。正是这种勇气，让她在家庭巨变中成为支柱。独立并非单纯地指经济独立，而是内在人格独立和外在经济独立相互滋养的结果。

书写自己的"生命之书" ………………… 澳洲茉莉/072

澳洲茉莉曾是定居澳大利亚的注册会计师，放在哪里都是精英，家庭也美满幸福，但她执着于寻找一个问题的答案："没有了标签，我是谁？"她找到了自己的"生命之书"，翻阅它，才发现，原来一切源自内心。

第四章 女性成长：把生命看作内在精进的游乐场 ··· 080

"妤你在一起"，我们都是超级个体 ············ 佳妤/084

佳妤本来是一位从容淡定、不沾烟火气的大学教师，但家庭的重担让她不得不面对经济独立的问题。她开始不断尝试，又不断失败，经过"反馈、迭代、再反馈、再迭代"的敲打磨炼，她终于找到了自己，清晰地知道"我是谁"，并从中得到源源不断的力量。

成长，是我人生永恒的命题 ··················· 张杨/091

张洋外向、主动又上进，从小立志做一个女强人，她持续对"成长"进行思索。我们可以看到，一开始她的理解是逼迫自己去追逐，去做那"优秀"的前20%。后来，她才发现成长是多层面的，内外兼修才能形成不断螺旋式上升的力量，真正获得幸福。

天行健，君子以自强不息 ····················· 夏亦文/099

夏亦文内敛的性格中，带着比较深的家庭烙印。其实，她完全可以把重点放在自己跌宕起伏的经历中，童年时期丑小鸭—少女时期富二代—毕业后家道中落—从零开始经济独立，如果加上一些画面的渲染，精彩程度宛如美剧《破产姐妹》，但她没有，而是真诚、严肃地剖析自己点点滴滴的成长与蜕变。

第五章 自我认知：与自己对话 ················ 104

逆风飞翔的我，值得世间一切美好 ············ 碧然/108

碧然曾经是广州一位优秀的银行系统管理者，处于金融业、体制内、上升期的她，前途一片光明，但是她始终感到纠结，因为她喜欢人胜过喜欢数字。她需要用巨大的勇气，才能抛下这一切，重新开始，找回那个热爱人、热爱生活的自己。

人生不是证明题，只需要活出生命的意义 ······ 晓娴/116

晓娴曾经是别人眼中的完美女人——计划去哪所学校上学、去什么样的企业工作、计划买车、买房，找什么样的老公结婚，生什么属相的孩子、几月生、生几个、生男生女，什么时候辞职创业，都是按计划完成的。谁能想到突然有一天，她会崩溃痛哭，这时再去与自己对话，内心早已满是创伤。

做独一无二的自己 ………………………… 暖风/123

暖风一直在寻找自己的天赋与兴趣所在。在进行自我认知之后，更重要的是接纳。她说："原来，我们就是自己的宝藏，我们向内去探索自己，挖掘自己的天赋、能量，就能做回闪闪发光的自己，我们都是独一无二的存在！"

我的成长故事 ……………………………… 盖盖/130

盖盖试图尽可能全面地向我们描述自己，描述自己和世界之间的关系，却又因为层次过于丰富而显得有点束手无策。她想借助绘画、诗歌和散文，然而这一切依然无法完整地表达自己的内在。

第六章 亲密关系：摆脱羁绊，找到幸福 ………… 135

因为她们，爱上"破碎"后"重建"的自己 … 效效/139

效效本无意把文章重点放在她与爸爸的碰撞与和解上，她在分享自己逐步觉醒的过程，但是我们看到了亲密关系的重建和对她的推动力。和爸爸之间的关系，是她建立和世界之间关系的基准点。从屈从于爸爸的权威到和爸爸争吵、和解，再到彼此看见，最后到大胆地表达相互平等的爱，这让效效逐步看到自己的人格力量。

我们该如何找到幸福 …………………… 刘斯/144

刘斯在和儿子相处时，回忆起爸爸对自己和弟弟的暴力教育，开始警醒。她努力寻找方法，去建立良好的亲子关系，不希望自己的噩梦在下一代身上出现。而在此过程中，她也逐步得出结论："被允许，才会真实表达。"

亲密关系处理好了，所有关系也都好了！ …… 胡悦/151

胡悦竭尽全力才完成亲密关系的修复，把破败不堪的婚姻挽救了过来，进入满心欢喜的状态。和先生舒服、自在的婚姻关系，也让她找到了自己的人生使命，

"余生只做一件事,那就是:赋能女性成长,让1亿女性在婚姻中实现真正的自由、独立,拥有悦己、悦他和选择生活的能力"。

第七章 家庭:共同守护的港湾 155

此生,为追逐幸福而来 海青/159

海青曾一下子经历离婚、离家、离职,在除夕夜无家可归,跌到人生谷底。她从自己的童年开始反思,找自己身上的原因。正因为这种勇气,让她为重新组建家庭做好充分的准备,从而收获了真正的家庭幸福。

90后女孩带全家人玩遍世界 彩芬/166

彩芬的家人们世代生活在海南岛,从来没有想过出去看看外面的世界。当彩芬想走出去时,她的家人也是希望她能留在家里,然而,经过彩芬的正确示范和持续引导,她的大家庭选择了信任与陪伴。彩芬实现了自己的梦想——带上全家去看世界。

我与爸妈合伙开公司 蚯蚓/173

蚯蚓的成长源自于家庭的苦难。她的父亲突遭意外,卧病在床,为了治病,家里欠下两百万元的债务。她并没有被打倒,为了让父母也振作起来,她把家当成公司,一家三口都是合伙人,自己任CEO,三人各司其职,争取三年扭亏为盈。经过共同努力,父亲有了康复的迹象,自己的事业逐步见好,日子越过越有盼头。

第八章 职场:会拼才会赢 179

关于善良的那些事 朱怡洁/183

"善良"的职场优势,由朱怡洁来讲述。因为正是"善良",让她获得老板的信任,也获得同事,包括下属的支持,让她的职场生涯没有尔虞我诈,只有正能量的不断循环。

我的成长小故事 ·················· 雪冰/189

"坚韧"是雪冰的职场特质。看似柔弱的她,却一次次带领团队迎难而上,无论是遇上火灾,还是疫情,她从不怨天尤人,而是想尽办法去攻坚克难。驻守在钻石行业,她从未想过退缩。这种韧性是女性独有的温柔力量。

隐形的翅膀 ····················· 艳华/196

"包容"是指女性在面对偏见和责难时,在面对自己的个人得失时,有着从容、淡然的心态。像艳华那样,当她下决心放弃体面的工作而选择保险业时,当她下决心放弃高薪而选择带团队时,当她直面疫情中团队成员流失的困境时,她的包容心态让她能始终保持冷静。包容不仅仅指胸怀的博大,更指面对困境时,我们的弹性和可延展性。

第九章 创业:用女性力量打造新商业形态 ········ 200

创造传统家装业的新商业形态 ········· 朱静/204

朱静已经是家装行业中的领军人物,却依然在寻求改变。一直以来,拥抱变化、快速迭代都是她的制胜法宝。但接下来她思考得更深:希望能改变传统家装行业的商业形态,让零散、陈旧的经营模式重组成具有生命力的商业生态。

合美百岁梦,真的只是一个梦么? ········ 文利/212

文利为了心中的梦想,踏遍千山万水去寻找和筛选合适的项目。但找到项目内容只是第一步,如何构建商业模式,让项目成为平台,让参与者成为分布式节点,这才是她的创业项目焕发生机的关键。

你知道,如何按自己的意愿过一生吗? ······· 嘴嘴/222

关于创业,嘴嘴提到:"在自己的私域生态中,我持续给很多伙伴做了公益陪伴和赋能。凭借着良好的口碑以及在新商业女性生态力量的支持下,在2021年9月,我将手册做成了文创产品。通过社群行动营,在短时间内就将手册销售一空。"这背后涉及新商业女性的生态中独有的几个模块——公益、社群、创造营……

第十章 资源：身后一片星星海 ·················· 226

唯有经历过黑暗，方可向阳而生 ············ 唐君/231

唐君的文章看似在说"女性成长"的命题，把她的故事放进本章，是因为在她的故事中，我们处处可以看到新商的资源影子——项目、团队、导师、情绪呼应……都来自于新商。当她睁开眼睛、转过身，看到的是一片"星星海"，是她们在推动着她前行。

靠近我，温暖你 ························· 王淑玲/238

在王淑玲的文章中，前半部分一直在谈自己创业的过程，单打独斗很辛苦，也很无助。当她进入新商的创业大会，她的产品被很多个社群熟知，商业模式被重新设计，还得到了投资。她不再是一个孤勇者，而是通过资源的获得与整合，越走越轻松，不知不觉就还清了外债。

马车婚礼的素人公主 ··················· 朱媛/247

朱媛的公主梦由一群人帮她实现。从她的故事里，我们可以看到，是她首先与别人产生了连结，贡献了自己的力量，才在需要的时候获得了大家回馈的资源。不管是不是在新商的平台上，每一个人都有机会因为主动连结而产生力量、收获资源。

编后语 ································· 252

人生下半场，开启少女时代 ············ 谢菁/255

主编谢菁用自己的故事为全书结尾。不管我们处于哪一个人生阶段，也许还在迷茫，也许开始关注自己，也许萌生想法想要改变，也许正启程努力生长，也许已经开始享用甜美的果实……大部分女性的梦想也许都带点少女气——希望自己生机蓬勃、无忧无虑。

本书导读

本书由三十位新商业女性所写的文章组成,这些女性的背景各异、文风各异、叙事重点各异,但本书内容并不是杂乱无章的堆砌,而是有逻辑的有机组合体。

本书的组合逻辑如下图所示:

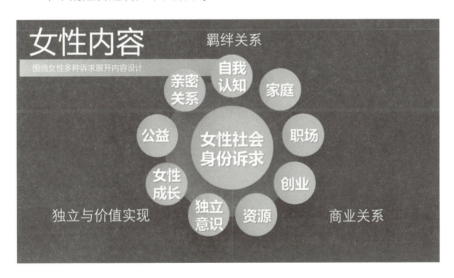

我们认为新时代女性有多种诉求,围绕这些诉求,将本书分为三大版块。

第一大版块是"独立与价值实现",包括公益、女性成长、独立意识。

第五、六、七章是对第二大版块"羁绊关系"的剖析,分别讨论亲密关系、自我认知和家庭。

最后一个大版块是"商业关系",包括职场、创业和资源。

每一章前面都有章首语,剖析该章里每个故事的精华所在。这里没有说教,只有一个个真实的故事。我们能从中看到这些鲜活的女性如何从各自的苦难中挣脱出来,得到成长。

第一章

新商业女性

新商业女性简介

新商业女性成立于2018年11月,致力于帮助女性解决在个人成长、创业路上遇到的问题,陪伴和帮助女性,赋能女性创业者,是在中国女性精神消费升级的大背景下诞生的一个女性成长及商业教育平台。

新商业女性以新经济时代中的女性商业发展为入口,用社群模式承载和服务会员用户,为用户提供优质的女性教育内容,打造女性教育第一品牌,并提供综合性的会员服务,包括女性个人成长教育、女性商学院、女性教育赛道的个人创业机会、品牌投资与孵化服务、创业者商业模式梳理、会员圈层资源互通合作的共享平台。新商业女性的目标是建设一个全新的女性商业生态圈。

新商业女性的使命:助力中国女性崛起,让每一位女性经济独立、人格独立,拥有精彩的人生。

新商业女性的愿景:成为全球最有价值的女性教育品牌,构建女性商业大生态圈。

新商业女性的价值观:独立、大爱、互助、包容、拥抱变化、快速迭代。

新商业女性拥有五大业务版块:社群、教育、电商品牌中心、文化传媒、投资孵化,所有版块指向共同的使命、愿景和价值观,帮助女性解决情绪内耗问题,提升认知,构建商业思维和获取资源,共同打造一个女性社群生态闭环。

社群

新商业女性旗下的社群体系拥有共同的使命、愿景、价值观,1000多个标准收费线上社群覆盖了国内的主要城市以及部分海外城市,在国内三四线城市的活跃度十分高。社群集合了母婴、旅游、教育、美妆等多个行业的优秀女企业家、创业者,以及积极向上、渴望提升认知、改变自我的上班族、精英宝妈和其他优秀女性。新商业女性的社群在统一的文化基础上,通过统一管理、统一运营,形成社群矩阵,共生共荣。

我们通过社群体系,激活一个个女性个体,为每一位女性赋能,每年提供100多门优质的社群课程,内容涉及商业思维、创业方法、品牌打造、身心灵提升、审美力、自信力、演讲表达力等。每日分享金句、短视频,每周分享书籍,定期举办线下交流会,用最适合女性的学习方式,帮助女性打破认知差,突破圈层和固有思维的高墙,完成自我成长和商业目标。

教育

新商业女性旗下拥有创业营、游学营、工作坊这三大课程体系,通过培训,提高女性的理解力、表达力、沟通力、影响力和领导力,全面提升女性综合能力,提供自平台资源,帮助品牌完成从0到1的孵化,推动优秀企业的指数级增长,从根源上解决女性情绪内耗、缺乏自信等问题。

新商业女性·创业营系新商业女性旗下的教育品牌,由深圳市人大代表、美丽华集团董事长胡萍,深圳与君资本创始人兼董事长张琦,新商业女性社群创始人王辣辣,新商业女性·创业营创始人金滢,联合中国一线女性企业家与创业者共同发起。女性创业者在面对企业、家庭的疑问时,很难独自找到最优解。只有企业家才能真正帮助企业家,快速找到问题的解决方案。几乎每个女性创业者都会面临角色困惑、思维障碍和圈层局限,新商业女性·创业营将用十年的时间,陪伴新一代女性实现商业梦想。

新商业女性·游学营系新商业女性旗下的游学品牌,旨在带领中国女企业家与创业者走向国际,开拓她们的视野;进入国外最顶级的名企、名校,与最成功的企业家、高管与教授对话;整合中外资源,为中外企业间的合作打好基础;构建国际化的高端人脉网络;助力品牌实现国际化的发展目标,与世界接轨;感受和学习最前沿的商业模式与创业创新精神。目前已推出的游学路线包括新商业女性美国硅谷创新研学之旅、新商业女性日本创新研学之旅,同时,南美洲秘鲁沙漠马拉松游学、北印度冰上徒步游学也在研发内测中。

新商业女性旗下的教育品牌新商业女性·工作坊,由领域专家、行业领袖作为课程引导者,通过精准的内容设计、知识导入和团队研讨,以小组协作的形式,带领学员逐步理清思路、解决问题并达成共识。这是最具实效的问题研讨、对策设计以及群体学习的方式,也是打造高质量核心团队的制胜法宝,适合企业高管或核心团队一起学习,由此提高团队领导力与凝聚力。目前分为产品工作坊、创业工作坊和领导力工作坊三个版块。

电商品牌中心

新商业女性旗下的电商品牌中心专注于服务自有生态圈中的电商品

牌,主打美妆、母婴等领域,为用户提供内部 IT 系统和渠道机制,助力自有生态体系内的品牌推广。

文化与传媒

新商业女性旗下的文化传媒版块,运用官方媒体和第三方媒体进行全平台、全网络的宣传。结合公益读书会等项目,推出系列人物视频和文字专访、年度人物评选、节目专栏以及出版系列图书。

投资与孵化

2019 年 3 月 1 日,新商业女性第一支专门投资与孵化女性项目的投资基金成立,专注于投资自有生态圈中的女性创业项目与品牌,现已成功孵化"少女妈咪"社群、"野生少女"品牌、"赵小呆"知识 IP 等项目。通过一对一的品牌梳理,帮助品牌快速找准定位,建立可落地的商业模式;通过社群裂变,帮助品牌获取流量;协助搭建合理的股权架构以及筹措运作资本,最终助力内部品牌完成品牌落地和实现商业梦想。

吉祥物——粉豹

新商业女性的吉祥物是粉豹,它的名字叫Lalay。

粉豹和创始人辣辣同名,也是辣辣的最爱,包含一切都"爆"的美好寓意。

粉色是最少女的颜色,表达了对女性的美好期许,不管你多少岁,都要相信爱情、相信自己、相信美好的事情会发生……粉豹穿着宇航服,意味着它会飞,有能量,有大格局,甚至可以俯瞰地球。

粉豹代表了新女性形象:

"Q弹"——皮肤Q弹,状态Q弹,遇到问题也Q弹。永远好看,永远美好,永远相信自己!

"软萌"——软是一种智慧,萌是一种状态。软是指处理问题不强硬,好好说话;萌是一种保持好奇心的状态。

"有趣"——灵魂有趣的人,才会走进新商。有趣是一种氛围,来新商就是找对自己的氛围,嗨起来!

王辣辣

新商业女性创始人
新女性IP商业导师
女性成长KOL

扫码加好友

创始人王辣辣——你追逐的，是谁眼里的成功呢？

这也许是你看过的最不典型的成功者，这也许是你看过的最不像创业女孩故事的真实故事。

本书中的所有故事都是本人亲述的，除了这一个——王辣辣的故事。由于她个人的立体性和复杂性，光从主观视角远不能叙述完整，于是我们把最熟悉她的人，包括她的妈妈、合伙人、助理等召集起来，做小型研讨，最后整理成这篇文章。

一个充满人文情怀、寻找人生意义的"富二代"

王辣辣是一个出生在安徽宿州农村的女孩儿，大概大部分认识她的人都不知道这个。

王辣辣在六个月的时候，因为急性肺炎奄奄一息，王辣辣妈妈抱着她冲去镇上医院，医生摇摇头说没办法。王辣辣妈妈没有放弃，又跑回村子里，千方百计找到一位民间医生，居然起死回生。

别人问王辣辣妈妈,那时候是怎样的感受,王辣辣妈妈说,她就是很相信王辣辣,不管医生怎么说,她就是相信——她相信王辣辣一定会好起来!

王辣辣先天骨骼畸形、胸骨弯折,五岁的时候,她做了手术,把胸骨打断,调整位置,矫正重长。她胸口的玫瑰花文身,其实是为了遮盖一条长长的如玫瑰刺一般的伤疤。

这些事王辣辣从未说起,因为她更愿意传递美好。她总能看见生命里那些美好的人、美好的事,只想把美好带给世界。她是一个引领者,总是看向未来,也总是带领大家走向未来,把那些艰难的时刻都抛到身后。

王辣辣七八岁的时候,她父母开始创业开工厂,她跟随父母搬到了镇上,住进了自己家的大院里,正式开始了一个小镇"富二代"的生活。一切都似乎唾手可得,每次去商店,父母都会让王辣辣随便拿,直到拿不了了为止。家里有专门的司机、保姆和厨师,她成了不折不扣的大小姐,但她并没有很享受这些丰富的物质,相反,她几乎没有任何感觉。无论是在村子里,还是在小镇上,她唯一的爱好就是看书,她每天都在看书,看遍中外名著,她几乎把镇上的新华书店都搬回了家里。

从《傲慢与偏见》到《悲惨世界》,从《活着》到《白鹿原》,从《拿破仑传》到《飘》……这些作品的熏陶,让她的成长历程中,积淀着深厚的人文底蕴,并对她的事业和生活都产生了深刻影响。

一个出国变出道、横冲直撞的商业"网红"

成年后,王辣辣也有着和其他"富二代"一样的苦恼——被迫回家接班。一个刚刚从文学系毕业的学生,进入了一家巨大的工厂,开始在很多人明着尊重、暗里欺负的环境里开始复杂的管理工作。

也许是因为过于拼命,在2013年,她得了肾炎,尿血。医生说,就算康复了,她也活不过10年。治病期间,她吃含有激素的药,吃得圆滚滚的。

病好之后,她去泰国休养,开始重新思考人生的意义,于是她想做点事情,自己想做的事情。她开始发朋友圈,从只有50多人的好友数、一条朋友圈的点赞量只有一两个开始,每天发十几条朋友圈,加附近的人,进入当地的华人社群。

她每天都在交朋友、聊天、拍照和发朋友圈。

过了很长时间,点赞量也没什么太大的变化,还是个位数,但每一次参加活动,她都会上台发言,都会圈粉,也一定会把现场的人全部加为好友。

这种状态一直持续到某一天,她突发奇想,想开一个酸辣粉店。在当地没什么资源,也并不了解餐饮行业的她,飞去了重庆,几乎吃遍了重庆所有的酸辣粉,然后拜师学艺。

师父跟她说,如果你真想做好酸辣粉,你就去别人的店里跟着卖粉。她真的去了——一个从小十指不沾阳春水的大小姐,认认真真地做起了酸辣粉店的伙计,帮店铺吆喝、出餐和洗碗。

后来,她学成准备正式开店,从国内空运食材去泰国,2014年11月在清迈开了第一家店。在整个过程中,每个小细节她都会发朋友圈。把做一碗粉的小生意,像获得世界大奖那样去展示。不是做作,而是热爱生活!她的真情实感感染了很多隔着手机屏幕的人,很多人像追剧一样地参与其中,见证着这家店从无到有的每一步。

结果,店一开起来就"爆"了,很快就成了网红店,泰国华人圈里所有名人都是王辣辣酸辣粉店里的常客。店铺的logo(Q版的王辣辣头像)是粉丝设计的,店里的所有员工都是粉丝,很多粉丝辞掉很好的工作,一定要来和王辣辣一起开店。

五湖四海的王辣辣粉丝们建立了各地分舵,王辣辣无论去哪里,都有粉丝自发来接机,为她安排吃喝用住,做免费向导。

后来,王辣辣打算开分店,发了一条朋友圈,众筹100万开分店,几分钟后众筹款就超过了目标金额,但还是挡不住很多粉丝硬要转账,没抢到名额的粉丝难过得都要哭了。

第一章 新商业女性

一个出圈归国、搅动京城创投圈的非典型创业者

王辣辣酸辣粉店成了很多国内游客去泰国打卡的第一站，当地名流也纷至沓来。

王辣辣要么在店里招待客人，和大家聊天，要么在各种社群里交朋友，还被邀请到各个地方做分享，不少听众都成了"辣粉"。王辣辣很爱"辣粉"们，有一次，一个游客找了半天，好不容易找到她的店，但是店铺已经打烊了，师傅们也都下班了，王辣辣就把店门打开，亲自下厨煮粉，招待这个风尘仆仆的客人。

可就在王辣辣酸辣粉店开得如火如荼、红遍全泰国的时候，突然一个消息传来。

2015年6月，王辣辣家里破产了，从拥有巨大资产到背负巨大债务。

短短一年时间，王辣辣经历了人生的第一次从0到1，但现在她要回国，面对人生更大的挑战了。

得益之前一次北京地产圈的人去泰国考察，王辣辣的演讲圈粉了很多地产金融圈的牛人，所以她找到了一个优秀的律师团，回到安徽老家，帮妈妈处理各种复杂的情况。

破产的阴霾笼罩了整个家族，所有人都处在绝望中。王辣辣告诉自己，一定要振作起来，带给全家活下去的希望。

王辣辣此时第一次产生了要赚很多钱的想法，虽然泰国的店开得很好，但开店赚的钱不可能解决家里的问题。

带着对巨大黑洞般未来的恐惧和不再能自由选择理想的巨大痛苦，她还是扛起了家族重担，把泰国的店安排好之后，卖掉自己名下的资产，头也不回地只身飞回北京。

王辣辣以自己当时有限的了解,心想要赚大钱,就要去地产金融圈。所幸在泰国时,她已经火到在国内创业圈里也小有名气,加上她天生社群主"体质",一到北京,她就建立起新的社群——辣星系,成员全是各行业顶级的"大佬"。她和合伙人在三元桥的办公室成了藏在京城里的一个高维思想聚集地。

地产金融圈里的各路"大神",每天一波一波地到访,络绎不绝,门庭若市。在刚到北京的大半年里,王辣辣持续参加各种商业讨论,她的商业认知也在指数级地提升。她通过参加各种商业活动,成立基金,建立了自组织——大家一起做事,投资、孵化一些项目。

2015年辣星系的商业逻辑和今天新商业女性的并没有什么不同,只是那时候互联网创业才刚刚兴起,分布式、自组织、社群商业、节点网络这些概念,直到今天都显得太过超前,在五六年前,就更是超越了时代,听得懂的人太少,也没有能支撑这种利益分配的基础设施,能落地的项目少之又少。

谁也没想到,最容易打动投资人的、有时候仅仅花一顿饭的时间就能敲定下来的项目,居然还是王辣辣的老项目——王辣辣酸辣粉。

那是互联网餐饮最黄金的两年,投资好拿,事情好做,在当时怎么看,这都是一个再正确不过的决策,于是王辣辣一咬牙——上!单独看事情的决策没有好坏、对错,只有和人对应上的时候,才有适不适合。

这个决策让王辣辣进入了一个她很难发挥天赋,却需要补上很多短板的商业圈里。王辣辣有超强的社群优势、营销优势和内容优势,但餐饮创业除了这些,不可或缺的是精细化的管理能力和批量化的复制能力,成本、供应链、门店运营、员工标准化管理,全都是王辣辣的短板。在泰国开店的过程中,她更像是一个品牌创始人+社群精神领袖+投资人,真正的店铺都是粉丝自组织做的。

北京互联网餐饮创业这一波浪潮,让王辣辣的IP名气和酸辣粉的估值一直在涨,有太多人想要做加盟店,但为了品质,王辣辣坚持做直营,很长一段时间以后,才开放加盟了几家店。

因为名气和实力,她总能拿到别人拿不到的好位置,北京大悦城、悠唐、百子湾、合生汇……她总是在最好的商圈开店。

2017年，直营开了很多家门店，积累多时的问题终于都爆发出来，王辣辣不得不关掉好几家门店。

一个面对失败却从未停下创造脚步的天生领袖

王辣辣虽然关掉了一些门店，但王辣辣酸辣粉果断成功转型做快消品。那时候，正迎来快消产业的春天，餐饮行业的投资人也愿意把原本的投资转入快消，还有很多机构想跟投。那时，华丽转身切进快消是一个资本创投圈的人怎么看都极大利好的事情，毕竟在此之后的两年，很多当时跟王辣辣学习的快消创业者都做大做强了，可想而知，当年有多么好的机会，可是王辣辣没有完全沉浸进去，她一边把王辣辣酸辣粉做成了快消品，一边在社群上重新开始。

2018年1月，王辣辣再一次建立起了社群"王辣辣创富群"，专门带女孩子做商业运作。这个群就是新商业女性的前身，她在想报名进群的人里筛选了100个她觉得价值观很正的女孩，这个群就这么开始启动了。

王辣辣很快发现，原来女孩们大多还陷在情绪内耗里，她原本想带着大家做商业这个想法，似乎很难绕过情绪内耗直接开启，所以她就在群里做成长赋能，帮女孩们搞定情绪内耗，解决成长问题。

双线开战，她无法兼顾快消品的事业跟女性社群，必须做出取舍——王辣辣选择停掉餐饮、停掉快消，专心做女性社群。

这并不是个轻而易举的决策，这个决策要面对的是，如果继续做快消品，以前的餐饮投资人都转投快消品，还可以通过下一轮融资，拿更多的钱；

但停下来要面对的，就是餐饮创业的失败，和跟之前投资人对赌所欠下的千万债务。

即使如此，在选择"事"还是选择"人"这个问题上，王辣辣毅然选择了"人"——一个人扛下了以前的债务，全力投入到女性社群中。虽然那时还不知道这是什么，不知道会怎么样，但她知道自己会创造出了不起的价值，会帮助很多女孩子。

那时候在群里的女孩们，很多确实成长了起来。比如小小白——当年是云南大学的一名老师，兼职做微商的七年超级"辣粉"，后来也从一个35人的社群开始，两年就拥有1000多万粉丝，现在成了新商业女性的全球合伙人负责人。又比如星星海——一个为了不让老公觉得没面子，所以自己不敢优秀、不敢多赚钱的广西女孩，成了王辣辣的创始团队成员，来到深圳，2020～2021年，星星海孵化了上万个群主，现在老公也从广西来了深圳和她一起。还有更多女性社群创始人，几乎都是从王辣辣的那个群里孵化出来的。

社群在陪伴和裂变的过程中，除了第一批的100人，后面每个人都交了入群费。即使如此，名额还是不够抢，群很快满了500人，很多人交钱之后要等坑位。

很多女孩在这个群里看见了人生的更多可能性，看见了"原来还可以这样活"，看见了很多以前感觉距离很远的大V，看见了不同世界观的碰撞，打开了新世界的大门。

如同这个张扬、有态度的社群名一样，那时候的王辣辣是野性而有魅力的、不羁而可爱的、充满想象力的。她的内心太过于饱满，常常满怀好意地说一句话，戳到别人的痛处，自己却一无所知；常常语出惊人，总是提及女性人格独立、经济独立、婚姻不美满还不如离了……，在那个女性独立意识尚未完全萌发的年代，这多少有点惊世骇俗。

王辣辣张扬的表现力、不羁的言辞和未婚先育的人生选择，总是吸引着大家的眼球，而看不到她的底层价值观——其实她只想让女孩们可以主动创造自己想要的人生。

一个不断破碎涅槃，却逐渐发现人生真谛的幸福女孩

她是一个从小在大院里看书长大的女孩。

她是一个身上没有烟火气，无拘无束的女孩。

她是一个几乎没有情绪内耗、神经大条得像个直男的女孩。

她是一个一进社会就成了网红创业者的光芒万丈的女孩。

说来好笑，王辣辣像是一个年少成名的童星，还没来得及学会和别人日常相处，就一不小心在光环下长到"三十而已"。

第一个女性群，是她第一次那么近距离地和一群女性朋友在一起，她还没有做好准备。

她毫无恶意，只是完全地敞开，但她实在是能量太高，观点太犀利，光环太强，也不懂得自己说的话会让别人有很多种理解。

她也确实有被宠着养大所导致的坏脾气，所以在和别人打交道的过程里，特别容易让人误会。

王辣辣拥有超越世俗标准的自信和令人匪夷所思的能量，相信不管谁和自己在一起，都能得到莫大的帮助。也不知道她哪来的自信，但这就是她。

也许，正因为如此，只有这样的她，才能做出新商业女性这样的生态圈。

因为绝对地爱自己和绝对地相信自己，所以可以做出在爱的土壤中长出来的商业；因为拥有绝对的安全感，所以可以做出这样有巨大张力的商业；因为在任何境况下，都会去主动创造，所以可以做出这样激发很多女孩拿回人生主动权的商业。

王辣辣有着"无情商业主"的外表，其实从未在商言商过，在她的世界里，商业、金钱始终和爱紧紧地连接在一起。

被很多亲密的人误解后的王辣辣,受了很重的伤,却也在反思和成长。

2019年,她开始退居平台之后,做起了中后台的事情——团队管理、工具搭建等,她基本什么都干,带着团队一起,搭建好了这个生态圈的底盘。

她开始了埋头干活的两年,认认真真地做每一个用户的交付。曾经被人们误解的王辣辣,成了交付过量、终身陪伴与孵化的平台背后的最大功臣。

这两年,她从一个精致的女人变得不修边幅。被大家戏称为"新商整容院"的新商生态圈,很多女孩儿在这里解开封印,变成从未想过的美美的自己,只有王辣辣一个人变丑了。

这两年,她不再是不经世事的人,经历过众叛亲离、用户摩擦、团队内耗、合伙人矛盾、投资人起诉,大多的痛苦让她喘不过气,也因此让她对自己身心灵的探索更为深入。

2021年年初到年中,王辣辣经历了又一波密集的重创,管理瓶颈、人才流失、业务失衡等种种难题考验着她,这些也是从1到10必须要解决的难题。

她逃离深圳,奔向大理,很多人以为她去潇洒快活了,可实际上,她整个人几近崩溃,经常问自己怎么样可以死掉?她陷入了前所未有的自我怀疑,整个人的信念系统崩塌了……

为什么勤勤恳恳地趴在地上干了两年活,结果回头一看,身边所有人都不满她、质疑她。不知道发生了什么,不知道为什么会这样,为什么所有的人好像都觉得她不好,好像一切都是她的问题。她好像什么都没做,又好像什么都做错了。

可就在她最崩溃的那段日子里,即使你待在她身边,也未必看得出她的无助——除了每隔一段时间的崩溃大哭,有时是在家里,有时是在车里,有时是在大街上。

那时候的王辣辣,要面对的不只是内心崩塌,还有这个事情该怎么做、怎么决策,最终的方向是无比确定的,可脚下这一步要落在哪里?

在组织上、业务上、系统上,王辣辣在一步一步地部署、探索和试错。她在全国各地跑,我们眼看着局面在她手上一步步盘活,开始欣欣向荣。

她的状态也在一天一天地恢复,她做了很多心理咨询和治疗。每次好一点，能量就释放出来一点，到后来，这些也都成了生态圈里支撑系统的一部分。

那时候，她总说，她在大理找回了在清迈的时候的感觉。

枯萎的玫瑰，在再次肆意绽放的时候，让很多人记起原来的她是多么光彩照人。

在大理回归山水间，她重新思考了很多，慢慢跳出自己是个失败者的情绪牢笼，跳出了无意识对成功的追逐，跳出了恐惧驱动的向前，回归本心。

从大理归来的王辣辣，更坚定地投入到女性赋能的事业中。她说，这是她即使现在有10个亿，也还会继续干的事情，这就是她这辈子想干的事情。坚定不移地做对的事情，对每个女性都有价值的事情，现在再没什么能干扰她的东西了。

女孩，你追逐的，是谁眼里的成功呢？

在父母眼中，一个女孩儿的成功大概是工作稳定、老公优秀、儿女双全和家庭和睦。

从创投圈进入社会的王辣辣，曾经也在很多年里，活在一套创投逻辑的成功标准下。她觉得自己的事业如果没有上市，就太失败了；如果自己的事业没有市值百亿，就不算成功；如果不成为企业家，就白活了。

成功没有定义，可幸福有，幸福的定义在每个人自己的心中。

最近两个月，王辣辣总说现在过的就是她理想的生活，虽然这是她此生以来最穷的日子，过着简朴的日子，还要继续还餐饮投资人的钱，世俗意义上的成功也还谈不上，但每一天都很幸福，每个当下都很美好。工作很喜欢，生活也很欢喜。

她说，每个女孩都可以掌握人生主动权。她还说，创业不一定通往成功，但一定通往自己。

希望通过这本书，王辣辣和她的女孩们，她们丰沛而真实的纯净灵魂，平凡却充满意义的生命状态，能被更多女孩看见。让不管身处哪个角落的人，觉得自己并不孤独；也激励更多女性保持人格独立、自由快乐，积累财富，追逐自己的人生意义，从而照亮更多人的世界。

第二章

公益：你服务的人越多，你的效能就越大！

在新商业女性的九大内容中，我们把公益放在第一位，因为这本就是我们的初心——建立以爱为底层的商业生态圈。

我们毫不扭捏地谈商业变现，提出"内在自由丰盛，外在自然商业显化"，但新商业女性作为一个平台，它的存在是基于对女性大爱、互助、包容的理念，无论用怎样的形式去持续运转，它始终有属于每一位成员的公益属性，这是一切信任流动的基础。

富勒博士说："你服务的人越多，你的效能就越大！"这句话在新商这个平台一再被验证：当你连结到越多的人，为他们创造越大的价值，你的内在力量就会越快得到增长，进而自然显化。

星星海曾经历尽生活磨难，也获得过来自各方的善意。当她有能力后，全心全意地投身公益，想报以世界温暖和美好时，却发现自己的力量微不足道。做了五年全职公益人后，她绝望地回归家庭，但进入新商后，她从一颗蒙尘的"星星"变为可以点亮一片"星星海"的"星外婆"，力量开始迸发，找到了自己的定位和持续成长的方向。

小小白很认真地分享她自己如何打造人格IP，具体到每一个步骤、每一个关键节点，但谈得最多的还是如何真正地去帮助和支持别人。她说："那一刻我明白了，你帮助了多少人，你让多少人的人生因为认识你而发生改变，并变得更加美好，你就有多大的影响力。"

婧宜让我们看到的似乎是一个职场女精英让人羡慕的自由人生，她写的内容貌似是围绕"个体"——听从内心的声音，但她在自己的生命历程里，当内在力量不断增强，认知不断拓宽眼界，她看向的其实是更广阔的海洋。她开始关注生态，关注文化传承，关注爱。把她的文章放在这里，可以让我们看到从关注个人到关注公众的过程，这往往是我们不断向上突破认知局限的结果。

公益不是标榜某个组织的正义与合理，而是一种内在强大的必然选择。

新商的公益包括引导资本向善、为慈善行业赋能、建立志愿者服务场景三个部分，具体有一对一帮扶、女性健康大讲堂、公益社群矩阵、单亲妈妈支持、志愿者社群矩阵、贫困地区女性教育、公益读书会、公益音乐会和公益基金等。

星星海

新商业女性私域教练
三年孵化社群操盘手1.6万
沉浸式深耕社群2万小时
坚守5年的全职公益人

扫码加好友

星星海 BESTdisc 行为特征分析报告
SC 型

新商业女性 New Business Women

报告日期：2022年02月25日
测评用时：07分13秒（建议用时：8分钟）

BESTdisc曲线

自然状态下的星星海

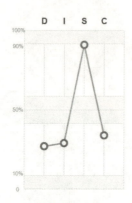

工作场景中的星星海

星星海在压力下的行为变化

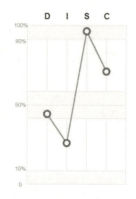

D-Dominance(掌控支配型)　　I-Influence(社交影响型)　　S-Steadiness(稳健支持型)　　C-Compliance(谨慎分析型)

　　星星海是个温柔、沉静的女生。高 S 的特质，让她冷静、友善且有耐心。在倾听他人的过程中，她会保持比较开明的态度，接受他人的意见，珍惜人与人之间的互动。

　　尽管是社群首席运营官，但她并不强势，甚至有点内向。高 S 特质对于安全感的追求，让她致力于打造温暖、宽松的氛围，使每一个人都感到舒适和安全。

　　高 S 特质常被人误解为不适合当领导者，但星星海无疑做了非常真实而有力的示范——高 S 特质也能塑造出自己的高影响力和凝聚力。

　　不管你曾经多么平凡，看上去多么柔弱，你依然可以借助性格的力量，开辟美好天地！

星星海——从一颗"星星"到一片"星星海"

一颗蒙尘的"小星星"在一点点被擦亮

我相信无条件的爱,大概是从高中开始的。

那时候,我爸爸的事业遇到问题,妈妈照顾生病的弟弟,无法工作。高中三年,远在广州的爸爸只给我寄了 3000 块钱。经常困扰我的问题是——学费从哪里来?生活费从哪里来?

年迈的爷爷奶奶靠种地支持我上学,每次回家,他们都一定会把钱塞到我手里,哪怕我骗他们说:"我有钱,爸爸给我寄钱了。"因为不忍心拿老人的钱,我会刻意很久不回家。

"下学期你直接来,别的不用管。"

高二的寒假前夕,我们开了个班会。我鼓起勇气,到讲台上跟大家告别,说我可能下学期不来上学了。大家很诧异,然后都沉默了,班主任也没有说话。

第二天一早,在我收拾东西准备回家的时候,同学说班主任找我。我去了他简陋的办公室里,他没有问我上学的事情,我们很愉快地聊了很久的天,最后要走的时候,他轻描淡写地说了一句:"下学期你直接来,别的不用管。"

剩余的高中时光里,没有人问过我关于学费的事情。

"我刚才充饭卡时,顺便给你的饭卡也充了。"

没有了学费的困扰,生活费依然是一个难题。

有一次,我饭卡里没钱了,实在找不到解决的办法,也不愿意开口借钱。放学后,在大家都回宿舍吃饭、洗澡的时候,我躲到图书室看书去了。

等我再回到宿舍的时候,我看到我桶里装满了洗澡用的热水,饭盒里装着满满的一盒饭菜。同桌橙子看到我,漫不经心地说了一句:"我刚才充饭卡时,顺便给你的饭卡也充了。"

她说这句话的时候,一边忙着手里的事,也不看我,似乎只是在顺嘴说一件不值一提的小事。

此刻,我脑子里浮现出了他们的样子,那个像不倒翁一样可爱的胖胖的班主任,和那个整天像小孩一样嘻嘻哈哈,不管发生什么事情,都会说"有我在"的同桌。

其实,我后来知道,他们在背后为我做了很多事情,并不是顺便而已。感谢他们用"轻描淡写"和"漫不经心",保护了我青春期敏感的自尊心。

"这钱不用还,等你有能力了,把这份爱传递下去就好。"

我的回忆里,永远都少不了一个人,就是我最爱的弟弟。他患有先天性的罕见病,我看到报纸上的新闻说这种病活不过18岁。我整个青春期,都处于害怕失去亲人的惶恐里。

惶恐中又带着希望,一定是医生诊断错了!于是在大学的一个暑假,我带着弟弟的血液样本,找到了全国治疗这种病最权威的医院、最权威的医生,请求重新检验。

没有等来奇迹,等来的是更确定的残酷现实。那一年他18岁,我知道我要珍惜他还在的每一天,哪怕我不愿意相信。

他是个博学多才的孩子,小学三年级的文化水平没有限制住他,身体被困在轮椅上也没有限制住他。他喜欢物理和天文,他的偶像是霍金,我在图书馆给他借了《时间简史》和一些我已经忘记名字的书。

他对这个世界充满了热爱、好奇和向往。

2010年,上海举办世博会。弟弟很关心这件事情,每天守着家里的小彩电看新闻报道,还经常为我更新最新情况。我知道他很想去,但他不说,他从来都很懂事,不给家人添麻烦。

我跟一个好哥们说了这件事,他给我介绍了他的女同学晓霞,他说晓霞家里条件不错,而且一家人都很善良,经常帮助别人。

几天后,晓霞带着她的姐姐来学校找我。刚见面,晓霞的姐姐就把几千块钱塞到我手里说:"先拿好,我带你去吃饭。"

我说:"姐姐,这个钱我以后会还给你。"

她说:"这钱不用还,是我们家对弟弟的祝福和爱,等你有能力了,把这份爱传递下去就好,没有也没关系的。"

原来无条件的爱,还存在于陌生人之间。像这样的小故事还有很多,它们像一颗颗种子,深埋于我的内心深处,我知道总有一天这些种子会生根发芽,开出绚烂的花儿。

点燃梦想的星星之火

大学时期的公益初尝试

我也想跟我的班主任、同桌、我的好哥们、晓霞和她姐姐那样,"顺便"给遇到我的每个人一份美好。高中时候开始种下的爱的种子,在大学时期开始萌芽。

大学里各种类型的社团让人眼花缭乱,我却被一个叫"星火小组"的公益团体吸引了,于是果断加入。我们主要做的事情就是"收破烂",走遍全校的宿舍,收集瓶子、纸箱、报纸等等一切能卖的东西,卖了的钱攒起来做公益。

后来,很多宿舍会特意把能卖的东西留下来给我们。当时没有更多的渠道,也筹集不到更多的资金,我和小伙伴只能一次次地做着这些细微的事情。

我还记得我第一次去福利院,那天阳光明媚,带着给孩子们的礼物,我很开心地骑车出发,心里想着自己总算也能为别人做一点事情。

到了福利院,见到了很多不太一样的孩子,我有点害怕,不知道怎么跟他们交流,也不知道去看他们的意义是什么。

那天离开之后,我内心并没有做了好事之后的成就感,反而有种强烈的无奈和失落。我能做什么呢?做了又能改变什么呢?

我很迷茫,但我知道的是,他们不需要这种偶尔参观式的看望,他们需要长期的陪伴和更多融入这个世界的机会。

兜兜转转后,回归初心

大四那年,因为弟弟得到了社工机构的关照,我接触到了社工这个专业助人的工作，于是，我去社工机构实习了三个月，感受到了社工的价值。

可是家里的经济状况告诉我，我应该去做更赚钱的工作。于是实习结束，我去做了销售。花了将近一年时间，我终于承认自己不是做销售的料，既不喜欢，也不擅长。

这一年里，家里发生了很大的变化，弟弟走了，妈妈出去找了工作。内心有个清晰的声音告诉我，我不能再浪费任何一天，我要一个人活出两个人的精彩。

我重新思考，人生的意义是什么。我想成为一个对别人、对社会有价值的人，能给这个世界带来温暖和美好的人。

我特别认真地写了一份简历，认真地投给了 20 多个公益组织，每一份投出去的简历都得到了温暖的回应，于是，我开始了长达 5 年的全职公益生涯。

坚守 5 年的全职公益人

这是幸福的 5 年，每天都很充实，每天都在帮助别人。

我曾经陪伴过一个独居的爷爷，陪从他 100 岁到 103 岁；陪伴过因为抢修战机而负伤的荣军，听他讲他的故事；组织志愿者去探望独居老人；辅导家庭困难的孩子；给腿脚不便的老人剪发；帮助过中年失业者、被家暴的女性、自闭症儿童、残障人士……

发生了很多美好的故事，也屡次遇见危险；接触了很多有特殊困难的人，也遇到了很多有爱的人。

有个 84 岁的爷爷跟我说，他想来做志愿者，他身体好，还能帮助别人；有个身患癌症的退休阿姨，直到去世前一个月，还经常来参加志愿服务；只有两三岁的孩子，跟着爸爸妈妈一起去探访独居老人；我的社工同事们，拿着只够温饱的工资，却总在想着怎么能更好地帮助别人……

这也是无奈的 5 年，我每天都希望自己更强大，才能真的帮助到别人。

社工做久了，我发现我能帮助到的人是非常少的，我并没有真正改变他们当中大部分人的生活,加上国内刚刚起步的社工服务还存在大量有待改善的地方,于是我又再次陷入迷茫,这是我想做一辈子的事情吗?助人还有没有更适合我的方式?2017年,做了5年全职公益的我辞去了社工的职务。

终于迎来"星星海"

在绝望处找寻希望

辞职后的我,陷入人生低谷。

找不到人生方向,被长辈催着生娃,和家人关系陷入僵局……因为备孕不顺利,被长辈要求去做各种检查,包括医生不建议做的检查,有一次痛得昏厥。

当时心情很差,没有做任何反抗,好像一切都在朝着更糟糕的方向发展,而我无能为力,对人生也失去了信心。

直到有一天,朋友跟我说她要去厦门出差,叫我一起去玩。我答应了,因为我知道我不能再继续这样的生活,我想找回那个热爱生活、生机勃勃的自己。

旅行一趟回来,我去学了烘焙,然后忙着筹备烘焙工作室。就在那个月,我发现自己怀孕了,全家人都很开心。可惜,没有开心到最后,因为只有5个月的时候就失去了。

身心俱伤的我,再次陷入了严重的情绪内耗中。我公公婆婆在市场做禽苗生意,他们担心我一个人待着出问题,就把我叫到禽苗市场去帮忙。

禽苗市场的环境很差,戴着口罩依然可以闻到很刺鼻的鸡粪味,空气中有肉眼可见的粉尘和到处飞舞的鸡毛……公婆的工作真的很辛苦。

这是我未来的生活吗?工作没有高低贵贱,但我确定我不喜欢。梦想已远,心生绝望。

就在我心生绝望的那个下午,我停下手上的工作,手也没洗,拿出手机翻看朋友圈,因为看看别人家发生的好事,也能给我希望。

我看到了一个我关注了很久的创业者王辣辣发的朋友圈,她说想用社群帮助 100 位女孩成长。我莫名地觉得,这条朋友圈是我人生的转折点。

于是,我用还沾着鸡粪的手,写下了一段自我介绍,以及对于改变自己的渴望,发给了辣辣。很快,我收到了她回复的两个字:"可以。"我至今还记得那种绝处逢生的喜悦。

触底反弹,绝处逢生

从进社群的那一刻开始,我进入了一个以前从未接触过的世界。这里有很厉害的企业家、百万粉丝的网红博主、畅销书作家……

接下来的半年里,我每一天都在群里,听大家讲我没听过的知识,也常常拿着很幼稚的问题去请教大家,大家都很愿意帮我,我每天都享受着思维碰撞的快乐。

辣辣说:"你基础最差,但潜力最大,我想看看你身上的巨大改变。"我真的觉得自己变了,但不知道哪里变了。

直到有一天,群里一个女孩诉说了她的遭遇,我发表了自己的看法,这个看法把大家都震住了:"这还是那个整天担心被老公抛弃的星星海吗?"用辣辣的话说,感觉我的整个底层代码都换了一遍。

辣辣知道我没有收入,就请我做社群助理,给我发工资,让我有能靠自己生活的底气。她还主动说要收我为徒,教我做社群。

在社群里,我认识了很多优秀的女孩,她们给了我很多机会,一点一点地用行动和爱帮我成长。

我终于从那颗灰蒙蒙的"小星星",被慢慢地擦亮了,也可以发出属于自己的光。

我有时候会想,如果当初我错过了那条改变我命运的朋友圈,我现在是什么样的生活状态呢?

2019年9月,我决定去深圳,和我喜欢的女孩们一起为赋能女性事业奋斗。

我发现很多女孩跟当初的我一样,处于严重的情绪内耗当中,她们中有很多人都找不到人生的出路在哪里。因为亲身感受过,我更知道面对生活的一地鸡毛,女性太需要有人来拉一把了。

我也深知,一个女性想要改变,不是上个课就能解决的,而是需要长期的陪伴,提供一个温暖又安全的地方,让她们能够尽情释放自己,在不断表达和不断获取反馈中完成思维的转变和能量的提升。

我有幸成为首席社群运营官、社群教练,有机会带着女孩们学习社群,有机会用社群创造一个又一个温暖、安全的场域,陪伴了很多女孩成长。

"这是我的老母亲,是她一点一点把我带出来的。"这是大家向别人介绍我时经常说的话,大家都亲切地叫我"老母亲""星星海妈妈""园长妈妈",后来又升级了,叫我"星外婆""海外婆"……这都是带着爱的昵称,我收到了大家很多爱的反馈。

其实我并没有做什么,她们本来就很美好,我只是通过社群带着大家看见自己而已。我不是在赋能大家,而是带大家一起创造一个适合女孩们成长的环境,让她们彼此赋能。

不知不觉中,我参与带了20期社群课学员,有将近2万颗小星星(我们把社群里每个女孩都称为"小星星"),突然发现自己竟也算是"桃李满天下"了。

我听了她们很多的故事,也和她们经历了很多美好的故事,我们走进了彼此的生命里。

她们有的人告诉我,她和家人的关系变好了;有的人说在社群遇到合适的合作伙伴,一起做了新的项目;有的人说赚到了更多的钱;有的人说永远会记得那一段在社群相遇的美好时光。

而我知道我们的故事还没结束,一群想要活出自己、愿意彼此赋能的女孩在一起,就会有永远也讲不完的故事。

结语

"星星海"是我高中时候给自己取的网名昵称,一片星星连成海之意,没想到这个画面竟然实现了。

感恩我遇到的那些温暖的人,他们让我相信这个世界上真的有无条件的爱。

我还特别想告诉每一个跟我一样的普通女孩,勇敢地去拿回人生的主动权吧!你并不孤独,我们在一起。

每个女孩都是一颗星星,擦去灰尘,就能找回属于自己的光芒!

小小白

女性IP矩阵生态圈孵化教练
中国管理科学院社群领域智库专家
新商业女性IP社群生态联合发起人

扫码加好友

小小白 BESTdisc 行为特征分析报告　　新商业女性 New Business Women
DS 型

报告日期：2022年02月26日
测评用时：05分49秒（建议用时：8分钟）

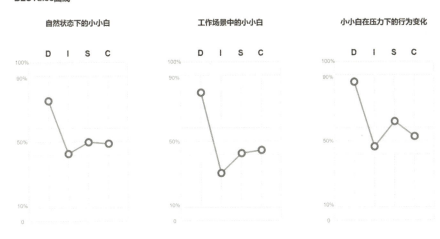

这是一个做事以身作则、负责任和有预见性的姑娘，个性中不乏沉静、友好、敏感和仁慈。小小白D、S的特质让她非常关注组织的结构和秩序，明确的任务和可靠的团队能给她带来安全感。她关注工作的执行，"怎么做"会是她想要知道的。

因此，谈到"建社群"和"做 IP"，她一直在强调"怎么做"和"孵化团队节点"，这正是她认为最能带给读者价值的人生经验。

由此可见，这个可爱的姑娘真的在掏心掏肺地分享自己的成功经验，努力传递内心的力量和喜悦，真诚地希望能有更多的女性与她一起去创造更美好的未来。

第二章　公益：你服务的人越多，你的效能就越大！

平凡人有大梦想

我是小小白，一个平凡人，心中却有大梦想。

2018年，我准备辞去教师工作，一心想去创业，好朋友劝阻我说："你就应该在学校里好好当老师，做个'仙女'，我不想你去蹚浑水。"

我能感受到他们的殷切关怀，这是一种不同立场的爱，但这一次，没有非要证明什么的执拗，只有对自己心意的笃定。

我一直欣赏的新商业女性的创始人辣辣说，她要收20个徒弟，教大家社群创业的底层逻辑。我想都没想，立刻就报名了。社群给了我最好的机会去打破圈层，做出最重要的决策，我也开启了有明师指路的人生。

同年11月，我去深圳学习社群商业系统，认识了一群来自五湖四海的同学，她们的人生竟然如此跌宕起伏——有的是亏了几千万后东山再起的创业者，有年收入几个亿的创业者，也有深圳市人大代表杨瑞老师……以前我是觉得线上圈层被打破，现在是线下圈层也被打破了，我看见了许多真真实实的人。

当时，高东亮老师讲区块链社群，我兴奋不已，觉得这个世界太酷了。而辣辣讲大历史观下的新趋势，商业在农耕社会、封建社会、社会主义社会的演变进程，讲社群大生态，讲IP人格力量的建立，讲人类历史的使命和女性力量的觉醒等，这些我在书本上都看到过，却从来没有产生过这么深刻的认识和思考。我们是顺应历史的变迁，走到这一步的，这是我们最新的时代机会。我第一次知道社群商业模式的顶层架构和底层逻辑是什么，兴奋不已。奔着辣辣而来，现在再次确定自己的心意——我要做的这件事契合我的梦想,它就是真正的人文教育,用人文商业去承载、推动、践行,生生不息。走不出线下地界,就走出线上眼界,启动内心力量。

"纸上得来终觉浅,绝知此事要躬行。"我开始花时间去看我朋友圈里的人,并做了如下事情。

从4000多个朋友里筛选了300人,写好标签;从这300人里,一对一提问筛选,选出60人;再从60人里面,打电话或者文字沟通,持续筛选,最终选出了33人;再加上我当时一个好朋友和我自己,一共35人,就这样起盘了。当然,我还找了一些给我助攻的同学帮忙准备开营仪式。

2018年12月10日,我开始起盘一个35人的社群。社群里是平权的世界,也是立体的世界,它是无法用一个有限人数的"群"来定义的。会做人,就会做社群。你的人格,就是你社群的群格。社群是人格化的,每个人都不一样。

我不懂社群,我泡在社群里,我自己亲自建一个社群;我不懂IP,我可以和很多懂的人在一起,然后把我自己活成一个有影响力的IP。

在社群里,我做了如下事情。

让很多优秀的人来群里分享;让每一个群成员都在群里分享;让大家彼此加好友;让大家去生态圈里的其他社群玩,打破边界;让社群里的小伙伴去全国各地参加活动,产生真实感受;带社群里的小伙伴学习开沙龙,亲自实践;我会每时每刻真实表达自己,总结自己的变化,她们看着我成长,我也看着她们成长;我的社群经常帮助农民们卖东西,做公益,资源互通,也让大家看见社群流通的力量;我经常撮合社群里面的资源合作,多多连接,让更多人感受到价值。

2019年3月31日,我在云南大学举办了一场线下商业课,从生态圈里邀请了新商业女性的创始人王辣辣来讲新商业女性的商业未来,邀请阿里巴巴的品牌专家来给大家讲品牌三板斧,还邀请清华大学的客座讲师进行分享等,这些真的让社群里的伙伴开了眼界,她们走进了从未见过的新世界。这就是社群的力量。

她们因为我相聚在一起,那一刻我明白了,你帮助了多少人,你让多少人的人生因为认识你而发生改变,并变得更加美好,你就有多大的影响力。

很多女孩不再被原有的认知禁锢,而是自主去决策自己的后半生该如何度过,看见了生命中的一万种可能。生命一点一点鲜活起来,让每个人去决定自己和未来的关系,决定自己和世界的关系。接下来开始筑巢引凤,真实地做自己,成长并发光,从而影响别人。从被影响的人里面去孵化节点,再让节点网络去影响更多的人。

她们被理解,被接纳,被尊重,被爱着,都是正要觉醒或已经觉醒的人。她们想开始行动,去创业,社群氛围到了推动女性觉醒、个体创业的高潮,大家开始自发邀约朋友进入社群。来的人都是认知觉醒想创业的人,比如湖南的效效、河南的瑞英等等。社群本身开始自然精准地吸引用户,而我认认真真地面试,这又是一轮新的孵化。

她们来自全国各地,北京、杭州、深圳、长沙、贵阳、福建、郑州等,我会推荐她们去全国商业课现场、沙龙现场学习,加入线上社群,一点一点积累组织的力量,然后回流到社群里,将文化传播出去。来来回回,互相流通,用户开始孵化自组织。

我的团队成员都是我的生长节点,她们延展了生态价值观的宽度和深度。我没有真正地带过正儿八经的创业团队,但我想这和教书育人差不多,和养儿育女差不多,我们团队成员之间也和兄弟姐妹差不多,教学相长,文化传承,彼此支撑,互为师长,互为亲人,互为战友。各自拥有自己的人格魅力,想要一起去干的人,有一样的使命愿景。当然,我也会看每个个体的不同状态,比如有的人现在适合去做自己的事,我会放缓节奏,接受她现在的状态。每个人都有自己的生长节奏,自己成长为美好的人,给世界带去美好,我们彼此滋养。

我先带一批真正愿意将每一步动作做到位的人跑,借助生态系统,去孵化团队。我们一起参与线上项目起盘,比如公益共学营,比如线上的年会、峰会,比如线下峰会、线下商业课沙龙、线下分布式项目承接等等,不断地带团队去磨炼。每一次创业营密训,都会让她们回来,要么带团队回来,要么自己到场,和总部战略高度同频。

我还会鼓励她们支持自己的团队去融入生态圈里的志愿者体系,比如社群大学姐系统、创业营密训,加入总部的人才培养体系,让总部把人培养出来,再让她们回归地方市场,或者让地方市场的运营人员回到总部支援。

我会鼓励她们去创造,比如湖南的效效说想做一个乡村创业家,我就会鼓励她去做,然后在社群里给她宣传;有人说想办褚橙游学,我会鼓励她去做,然后给她协调资源,总之,我们会努力去创造,鼓励彼此创造,支持大家一起创造。

在反复磨炼中,这些人的领导力被培养出来了,她们自己的团队也搭建起来了,IP 影响力也渐渐起来了。如果有什么曝光的机会,我就会推动她们去社群里曝光,或者在公众号上接受采访,去全国商业课做分享等等。有时候,好几个人去同一个地方,就为了支持一个人。这种情谊,一直都在,现在也还是一呼百应。

在孵化团队节点的时候,我还会做一件事,就是开"卧谈会"——像朋友一样聊天,可以发牢骚,可以一起想去哪里玩,一切话题都是被允许的。在"卧谈会"之后,我还会一一再和她们沟通,需要调整的地方会详细地聊一聊。

我经常会对团队做战略解读,答疑解惑,融入团队。我不是一个高高在上的领导,我会承认有些事情我不会,我只能做自己擅长的。比如落地,她们是知道我不会的,所以落地的事情基本都被包揽过去了。

我找到这些节点,花了一年时间。慢慢陪伴大家成长,静待时机。2020 年的公益共学,我带着一群人开始启动,当时有 500 多位群主同时起盘,每个人建一个 100 人起的社群,向全国辐射开来。我带的队伍,差不多就有 300 位群主,辐射全国各地将近 30000 人。后续继续裂变、孵化,全国各地的沙龙、商业课如雨后春笋一样冒出来,线上线下打通,分享与传播创业方法论。

团队的生长速度超过了我自己的成长速度,我遇到瓶颈了。其实在这个生态圈里最幸福的事情,就是你放开手去做,遇到事儿了,会有人出来陪伴你一起面对。辣辣在我遇到瓶颈的时候,就会出来指引我,给我方向,帮我铺好往前走的路,如果是心力,就指引我去修炼内心力量;如果是能力,就指引我去提升能力。我是不慌不忙的,知道困难总是会出现的,困难也是可以解决的。

有一段时间,我离开云南,来到深圳,追随辣辣,直接打破自己原来的地域边界、圈层,开始与更多智者为伍、与德者同行。知道我要离开昆明,7年前特意从北京到昆明来陪伴我的恋人,放我走了,他说:"你去吧,在外面闯。如果闯累了,失败了,回来家里总还有一口饭吃,有个小窝住。"他知道新商业女性对我而言意味着什么,记得有一次,他和我说:"大宝,我是非常羡慕你的,因为你还有梦想,我的梦想已经被社会磨没了。"那会儿,我只当他羡慕我,他知道与辣辣并肩作战创业这件事情,是我的梦想。今天回忆起来,我在他身上感受到了无条件的爱。

后面,我不再局限于带自己孵化的团队了,于是发起了一个更大的社群自组织,叫德尔菲部落,让生态圈里的更多节点联络在一起,她们一起共建了许多文化,也一起践行这些文化。

我开始在生态圈里寻找一些力量微小、没有人领着的单个个体,于是又进来很多有使命感的伙伴,比如常州的崔崔,后来就有了一支常州团队。张晴书、萍她们还孵化了一个心理动能创始运营的团队,影响了很多人,所以她们自己自然也成了IP。在整个过程中,我最享受的是看见一个个灵魂闪闪发光,成为光源,有很多人慕光而来。

我交到了很多朋友,我遇见了很多明师,我增长了心力,我也增长了能力,我有了抵御严寒的力量,也有了走向未来的底气,拥有了真正的内在的没有任何依赖的独立和安全感。因为这样的坚持,看着不同的人、不同的世界观带给大家的不同感受,从而变得更加有力量,生活也变得更美好。

你看我从2018年到2022年期间,看似做了很多事情,其实都是在自我修炼,内在力量一点一点迸发出来。我们这一群人,正在一起构建一个美好的女性生态圈,去推动这个社会的人文精神建设。让人文精神因为我们的存在而代代传承,生生不息。

婧宜

全球人才发展顾问及培训导师
DISC国际认证教练
愿景教练
盖洛普优势教练
新女性IP生态圈组织发展负责人

扫码加好友

婧宜 BESTdisc 行为特征分析报告
ID 型

新商业女性 New Business Women

报告日期：2022年03月28日
测评用时：07分58秒（建议用时：8分钟）

BESTdisc曲线

自然状态下的婧宜

工作场景中的婧宜

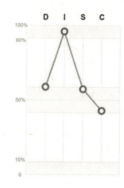
婧宜在压力下的行为变化

D-Dominance(掌控支配型)　I-Influence(社交影响型)　S-Steadiness(稳健支持型)　C-Compliance(谨慎分析型)

婧宜独立、自信而充满个人魅力。她热情四射，活力满满，走到哪里，就能照亮哪里。

她说干就干，说走就走。在沟通中，非常注重保持轻松愉悦的气氛，绝不冷场。与她在一起的人，总能得到正面的激励，在激情四射的讨论中迸发出新想法。

她是一个跟着感觉走、遵从内心声音的梦想家，总是在探索新的可能性，创造性地找到问题的解决方法。爱玩且乐观，把世界当成实现梦想的游乐场。

热情与爱，就像阳光一样，让世界变得美丽。

听见心声，过璀璨的人生

我好像从小有个特异功能，总能听到内心的呐喊，胸口像是有股气流。

如果当下做的事跟那个呐喊一致，就感到身心舒畅，想开怀大笑，想尖叫欢呼；反之，就觉得胸闷，想生气，会叹气，想大叫，想砸东西，想哭。

你是不是也有过类似的体验？

内心的声音，不管我们听没听见，每天都由内而外地涌出，与我们同在。

外界的声音，或激励、赞美，或评判、干扰……像是洪流，永无止境。

我们终其一生都在选择——当下听哪个声音，从而做出明智的决策，过好人生。

有几年，我常收到职业论坛的邀请，去分享自己的职业成长故事，给职场人一些指引和建议。听众的反馈很热烈，觉得我在每个人生阶段都知道自己想要什么，然后去实现，把人生过得很精彩。其实我最有效的方法，就是尊重和听从自己的心声。一旦听到心里发出的指引，就排除万难地去做，只要做了，就会有结果。

可能因为是难产的早产儿，从有记忆起，我每天都在认真地活，珍惜生命的每个当下，尽最大力量做内心想做的事、有趣的事，让身体和精神都保持健康的事，对他人和社会有益的事。只要尽心尽力，就问心无愧。虽然我的人生也充满起落，但只要能听到心声，每天醒来，我都感觉这是全新的、可创造的一天。

人生的几个重要转折点，都是心里的声音带我做出抉择。

成长的心声：为自己而战，不为取悦任何人

18岁，我面临人生的第一个重要分水岭。在高考选专业时，我说服了各持己见的父母，选了最想读的专业——英语！因为小时候，我没想过要当科学家、医生或老师，我有环游世界的梦想，好奇外面的世界是怎样的、会遇到怎样的人，我能不能自由自在地做自己热爱的事。

英语成了帮我实现梦想的桥梁。30岁前，我借助跨国企业的全球培训工作去了30个国家，边工作边玩；成为国际知名企业管理咨询机构的中国区代表，为行业领先的500强企业培养管理人才；遇见了在一起14年还如热恋般甜蜜的灵魂伴侣，感受事业和家庭平衡的幸福。未来，英语还会帮助我从中国再次走向世界，讲述中国的文化故事。

回想当年，从小学到高中，我的学习成绩就像心电图，时而全班前十，时而倒数第十。父母最头疼的，是如何让我从爱玩的状态进入学习状态。为此骂过、打过、罚跪过、威胁过，当然也循循善诱地教导过，可以说是软硬兼施，为我操碎了心。

那时，在我的认知里，学习是为父母学的，自由自在地玩才是我想要的。有时，好好学习，拿好成绩是为了取悦父母，我并不开心；有时，允许自己痛痛快快、随心所欲地玩，是取悦我自己。

高考前三个月的一次模拟考，彻底改变了我的学习态度。

那次模拟考，我的成绩差到连本地大专线都够不上。这引发了我的第一次认真思考，我到底要过怎样的人生？

如果离开校园，我不知有哪些选择，只知道一条路是继续上学，另一条是自谋生路。在这个岔路口，我真实地意识到，学习或不学习、上大学或不上大学，并不是父母出的题目，而是我对自己未来命运的选择。

于是，高考前三个月，人生第一次，我彻底醒悟，选择为自己而战。

然后，我每天闭门苦读，挑灯夜战，创造了一个小小的奇迹，考上一所211的重点大学。

拿到录取通知书的那一刻，我的心简直快乐得要蹦出来了。

我第一次感受到为自己选择未来的力量和对自己命运负责的成就感。

在母校，我也从一个问题学生，变成了一个只要努力就有可能的榜样。

在大学，除了必修和选修课，我还谈了两场轰轰烈烈的恋爱，领着外语系队打了四年排球，作为女一号演了四年小品，选修了8岁起心心念念的钢琴课，跟着学长、学姐跳街舞和国标，参与了很多社团管理。虽然考试和学习依然不是我所爱的，专业课学习一路磕磕绊绊，但也顺利毕业，最重要的是，那四年如我所愿，既学到了我需要的知识，又过得无比精彩，玩得尽兴。

毕业后，我拿着一份普通的成绩单和丰富的课余活动履历，通过层层考核，进入500强航运外企马士基。英文的优势，加上大学期间在各种社团和工作中练就的能力，让我从总助/行政助理做起，接着做全球管理培训生、客服主管，后来晋升亚洲区大客户经理，这个过程只用了五年。26岁时，我被外派到丹麦总部，担任全球项目培训师。

那3年，我以哥本哈根为家，边工作边旅行，去了30个国家，足迹遍布五大洲，学员覆盖60多个国家。我在枯燥的SAP业务流程里融入有趣的教学方法和课间游戏，收获培训反馈95%以上的好评，几乎每年都拿"最受欢迎的培训师"奖励。我身边有一群合得来的同事和好友，父母也以我为骄傲，算是人生的巅峰时期。这时，我去南非开普敦出差，遇见了我的Mr. right，我和他一见钟情，开启了一段唯美的跨国之恋。

梦想的心声：坚信感受到的使命，追求更大的人生意义

2008年，我在美国考察完移民事宜，决定移居旧金山，我超级喜欢这个城市的大气、自由和多元化，它还靠近我心目中最值得弥补留学缺憾的斯坦

福大学，我以为我的人生就会这样一直走下去，直到在回丹麦的飞机上，我听到了一个新的声音，那就是——回国吧！

尽管大脑还充斥着移民的兴奋感，但那个声音在心里实在太清晰、太响亮，让我对这个想法非常笃定。回到丹麦家中，我放下移民的一切准备工作，开始筹备回国。和远距离恋爱了几个月的男朋友商量后，他也决定离开厄瓜多尔，和我一起回中国生活，实现我们在一起的愿望。

在海外工作、生活多年，我看到由于中西方文化和教育方式的不同，企业和社会看待人才的标准也有差异。在国际职场的环境中，以自信、直接表达、主动的沟通方式为主流，很多中国职场人本身非常优秀，但在西方文化的对照下显得过于内敛，或因英语而不够自信，或过于自谦，或对国际礼仪不熟悉，让身边的人无从知晓他们真正的实力，导致在竞争中不能获得公平的机会。

这让我产生一个想法，就是回国去做人才发展的工作，立志成为国际化人才培养的专家。不是复制西方的文化，而是引发由内而外的自信，在日益国际化的职场上提升竞争力，让更多人感受到我中华儿女的实力与风采。当这份使命感升起，我立刻动力十足。

回到上海后，为了找一份和培训或顾问相关的工作，我曾被17家公司拒之门外，这些公司的HR要么觉得我没有人力资源背景，肯定无法胜任；要么说我薪资要求太高，无法接受。我一下感觉自己有点高不成，低不就。也有主动发来邀请的企业，但不是做集团的流程管理，就是航运物流业的管理，尽管薪资丰厚，但因为和人才发展无关，我都婉拒了。

那是人生新阶段的转折期，我边找工作边调整，把一直没时间学的驾照考了；还考了对外汉语教学证书，过渡时期给外国人教教中文；跟老公回了趟他的家乡，见他的家人，他在最爱的山顶小教堂里浪漫地向我求婚，回来后我们把结婚证领了。

不断面试失败，总结经验再试。5个月后，终于有一家外包呼叫中心给我机会，担任培训和服务质检的副总监，负责全国坐席人员的培训团队管理。尽管比以前降了薪，但我很珍惜这个得来不易的机会，告诉自己务必全力以赴。

　　进入新领域比我想象的更难,没有人教,只能边干边学。接手了一支亟须跟上发展步伐的团队,我需要一边调整整体培训架构,一边匹配像苹果这样的大型新客户的严格要求。除了提升老员工的服务水平,让新人融入文化,还把自己变成各种职业素养技能和管理类课程的讲师,让大老板也来当讲师。半年后,我的团队从10多个人增长到40多个人,业务部门和客户的满意度也持续上升。

　　熬过将近一年每天晚上10点回家的日子,实现了业务翻倍增长的目标,我终于把团队带到了绩效的高峰。31岁这年,我转型成功了。

　　后来,我加入了古驰、伟创力和沃尔玛,担任中国区的培训和学习发展负责人。用6年时间,依靠自学和实践,我建立和参与完善的人才发展项目为10多万职场人提供了学习和成长的系统。

　　当你由内而外地坚定地做一件事的时候,全世界都会来帮你。

觉醒的心声:爱的同心圆,中间那个点是自己

　　2016年,我决定离开职场,成立自己的工作室,想把积累多年的知识和技能分享给更多有需要的职场人。老公也在我之前离开了新能源公司高管的职位,探索他更热爱的领域,从私厨到音乐冥想导师,再到成长教练。

　　我们一起学心理学、NLP教练课程、优势教练课程,有时还会一起开课。我在深圳、广州、上海连开了几十场公益分享课,在没有团队、也不懂宣传的情况下,场场爆满,积累了很多粉丝,还有平台找我合作。

但因为缺乏商业思维,不到一年,工作室就维持不下去了,加上参加各种学习、活动的费用和日常开销,存款也花得差不多了。过年和老公去超市,我感觉什么都舍不得买。站在超市中央,我趴在老公肩上大哭了一场。

在各种压力之下,我和老公发生了很多争吵,曾走到离婚的边缘。分居9个月,我们在各自的世界里,痛苦而勇敢地经历了亲密关系中最重要的自我成长。去民政局签字的前一天,我们在深谈了10小时之后,找到了新的相处之道。所有的焦虑来源于内心底层的不自信,我们都要学会先爱自己、接纳自己,再学会如何爱对方。现在我们在一起14年了,每天都像新婚的夫妻,深爱彼此。

我调整了事业方向,用自己的跨文化优势,和国外的几家知名管理咨询公司签约,作为中国区的顾问代表和高管教练,和他们一起打磨适合亚洲人才的培训内容。这几年累计培训人数过万,不仅让我拓宽了商业服务的视野,也增强了作为职业教练的能力。

虽然再次转型成功,但不知为何,我还是感觉有些遗憾,还有些想做的事。

为跨国企业服务了20年,总结企业持续成功的种种因素,我看到的根本原因是不断提升人的认知和能力,发挥人的创造性,激发人的潜能。毕竟,钱是通过事来变现的,而事都是人做成的。在10年的自我成长、学习中,我深深感受到,一个人的成功,往往不只是拥有多少财产、具备什么能力,还有生活与事业的平衡、对社会的价值、内心的快乐与幸福。于是我总在想,下一步是什么,我能做点什么。

2019年底,之前合作过梦想职场训练营的操盘手晓仪,推荐我参加新商业女性的一个沙龙。那天,我结识了几十位来自各行各业的女性,几乎都是我没接触过的中小企业创业者、自由职业者、宝妈。

三个小时的沙龙,主持人花了一个多小时,让每个在场的女孩站起来介绍自己,人人都有表达和被看见的机会。最吸引我的是创始人王辣辣的故事,她从富二代到泰国酸辣粉店主,从网红到品牌被投资和收购,又从创业女性社群主到新商业女性。她身后有成功的企业家、人大代表、投资人,都在助力她完成梦想,做一份赋能女性的事业。

我接触过很多商会和女性成长平台,感觉这里有点不一样。新商真正能做到从价值观和文化出发,帮助每一个来到这里的女性,由内而外找回自己的力量,拥有充满爱的关系和创造力,创造美好的生活,用影响力升级商业变现。

在这里,我第一次听到"生态型商业"的理念,在这个都是女性的世界里,散发着无条件的爱,每个人都被允许做自己,不用表演和证明优秀,所有人爱所有人,所有人支持所有人,一起成长,一起蜕变。不基于任何产品,又能基于自己的创造力,和用户在一起创造产品,所有人都可以参与共建一个以爱为底层的商业生态圈。于是,我也成为其中一员,一边学习新经济世界里的各种词汇,一边贡献自己的力量。

在人人都想做 IP 的时代,生态圈里的赋能系统好像一个个游乐场,让人内外兼修,每玩一站,就长一次功力。我也越来越有感受,当女性唤醒内在的柔软和爱,能照亮的不只有她的朋友圈,还有家族的至少三代人。女人的自信、快乐和幸福,源于一颗能掌握自己命运的心。

我深信,我们的血液里流淌的,是五千年流传下来的智慧,每个人都有与生俱来的天赋和内在使命。当我们从小事做起,真正学会爱自己,爱身边的人,爱国家,爱地球,我们创造的场域也将让更多人感受到爱,传播爱,成为爱。

我不知道人生的下一站是什么。

但我知道,心里的声音会一直指引我,去更加光明的地方。

做好当下的每一件事,感恩出现在生命中的每一个人,认真倾听心里的每一个真实的声音。

判断每个选择是不是来自真正的心声,我的标准是——

闭上眼,深吸一口气,脑海里出现的画面会不会让我满脸微笑。

第二章　公益:你服务的人越多,你的效能就越大!

第三章

独立意识：让每个女性经济独立、人格独立

本书中很多作者都在提经济独立和人格独立,而且不乏真知灼见和躬身践行并取得成就者,在本章中,我们选择晴语、露露和茉莉来做案例。

晴语自小一心想出人头地,在家希望获得父母的肯定,在学校要获得师长的肯定,在单位努力工作,想获得领导的肯定,她唯独没能因为做自己而获得过肯定,因此,她第一次在新商获奖时,她哭了,她觉得自己"被看见"了:"我要勇敢做自己,我现在正视和接纳我所有的一切,我也想让我周围的人变得更好,因为每个女性都值得'被看见'。"当我们能挣脱别人的评价体系而"看见"自己时,独立意识就开始萌芽了。

果子露个性活泼,她从显然不适合自己的程序员毅然转行去销售保险,还坚持不卖熟人,非要自己打拼。离开家庭的温室,去寻求蜕变。正是这种勇气,让她在家庭巨变中成为支柱。独立并非单纯地指经济独立,而是内在人格独立和外在经济独立相互滋养的结果。

澳洲茉莉曾是定居澳大利亚的注册会计师,放在哪里都是精英,家庭也美满幸福,但她执着于寻找一个问题的答案:"没有了标签,我是谁?"她找到了自己的"生命之书",翻阅它,才发现,原来一切源自内心。

谁能定义一个女性?根据她的职业、她的家庭、她的财富来定义是否全面?当我们锚定经济独立和人格独立这两个支点之后,再去寻找内心的答案吧!

晴语

985大学硕士

兴趣变现IP创业导师

私域IP用户思维引领者

"晴语格格的绽放私域"社群主理人

新商业女性IP领袖

扫码加好友

晴语 BESTdisc 行为特征分析报告
IS 型

新商业女性 New Business Women

报告日期：2022年02月25日
测评用时：09分10秒（建议用时：8分钟）

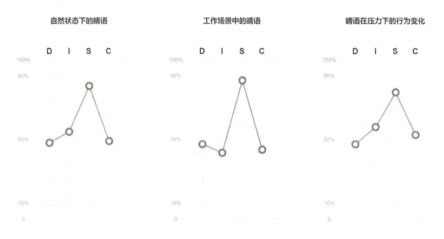

晴语是一个让人感觉非常舒服的女生，友善包容、谦恭谨慎、温和亲切。I、S 型的人往往是最佳闺蜜。晴语喜欢努力工作，以做事有顺序、有条理为乐。尽管口齿伶俐，但也不会夸夸其谈，反而会致力于让气氛融洽。晴语做事很有韧性，尽管步调不快，但会一步一步地坚持，直到完成手中的任务。

因此，我们可以看到晴语建自己的社群速度不算太快，但团队成员之间的关系很和谐、紧密，她也为这样的团队而感到骄傲，并且取得了非常理想的业绩。

每个人都有自己的性格力量，善用性格力量，你就能闪闪发光。

第三章　独立意识：让每个女性经济独立、人格独立

我是如何从兽医领域走向新经济IP的？

我现在拥有一种前所未有的自由。

这种自由是经历过痛苦和无奈之后的自洽;是在与人相处中游刃有余的自信;是帮助和赋能他人所带来的快乐;是对一切充满好奇和正能量的激情;是驾驭各种不确定性,对未来充满憧憬的笃定。

这种自由是你们所向往的吗?

很多人以为我出生于一个条件优渥的家庭。

其实不是,我是一个没有任何资源的普通女孩,甚至小时候还经常处于一种动荡不安的状态中。正是这种经历,让我特别渴望自己变得强大,渴望向上跃迁。

我的父母都是农村的,为了要儿子,父母生了五个孩子,我排行老二。

我最害怕的事情是计划生育检查,每次一检查,就会有一堆人来我家做思想工作,让我们都躲起来。每次天还没亮,爸妈就带着我们躲在田地里的井房旁,躲在街头的酒店墙外,躲在小胡同里的出租房中。

我和姐姐一起玩,在外面受人欺负,我和姐姐的玩具被邻居家的孩子抢走,我们眼巴巴地看着心爱的玩具被摆在邻居家的客厅里,不敢要回来,告诉妈妈,妈妈也选择忍气吞声。

上了小学,我们家搬到舅舅住的村里,和表弟发生小摩擦时,妈妈都会骂我们,她一直说,住在人家门口,就吃点亏吧。

远房姑妈从南阳给我带了一条玉石项链,绿色的,晶莹剔透,我都不舍得戴,一直收藏在皮箱里。有一次,我看到表弟把它拆散了,在家里拿着玩,我心疼坏了,但不敢吱声。

爸妈在外人面前从不敢说自己有五个孩子,我每次都在想,如果我是一个男孩儿该多好。这样,我们家就会很安定,我不会受人欺负,家里经济也会好很多,我还能拥有爸爸妈妈更多的爱。

爸爸教育我说,一定要好好学习,一定要出人头地,走出农村,而这也正是我唯一的念头。我几乎除了睡觉和吃饭,都在学习。初一时,我考了全校第一名,站在全校表彰大会的领奖台上。当时我个子特别矮,站在身高一米八的班主任面前,才到他腰部,我却自豪地仰着头。那个时候,我便成了爸妈的骄傲——他们终于可以扬眉吐气了。在初中,我几乎包揽了各种大奖,每门功课都是第一名,更包揽了作文比赛、奥林匹克竞赛和英语比赛的头奖。

我几乎所有的时间都用来学习,对于别人来说,我就是一个"传说"。后来,我考上市重点高中,高中三年,没有人帮我疏导情绪,全靠自己消化,我内心特别渴望被理解、被"看见"。

高中毕业时,大家写同学录,其中有一栏:你的梦想是什么?

这时的我,随着视野的开阔,已不是一心只想要出人头地的小娃娃,开始有更高远的志向。我希望能帮助更多的人,让这个世界远离贫穷、不公平,让所有人都能安定、自由地生活。

高考后,我考上一所 211 重点大学,我是家族里第一个考上大学的人,从此家里人对我开始抱有各种希冀,但爸妈又对我学动物医学专业不满意,觉得还是没跳出农业。这种挑剔让我很没自信,本科毕业后,我又考了中国农业大学的研究生。

研究了 3 年病毒,爸爸又要我继续攻读博士,我不愿意再读了,一直想工作,看看外面的世界是什么样子。

毕业时,我收到了很多 offer,最终,我选择了一份从基层做起的兽医工作。3 年内,我升为公司的兽医总监,制作过禽流感疫苗、诊断试剂,制定生物安全措施,组织疫苗兽药招标采购,申报政府项目,管理 8 个实验室。

对于像我这样的在农村家庭长大的孩子,求生存是第一选择,抓住机会就会拼命往上爬。怀孕7个月时，我坚持去出差，那次出差险些流产，休了将近一个月的假才保住。后来有惊无险，孩子生下来了。单位也因为我生完孩子不适合基层工作，也不能长期出差，而把我调整到管理岗位，担任研究院副院长，同时担任北京市现代农业产业技术体系综合站站长。

与此同时，发生了一件事让我觉得如同遭遇晴天霹雳——我休产假期间，公司的股权分配没有我的份！就因为生孩子！

我的努力竟然因为我是女性而付诸东流。"也许我表现得更优秀一些，就可以弥补了。"抱着这样的想法，我又工作了1年半，但我的圈子越来越小，可以发挥的价值也越来越小。

我很迷茫，不知道该何去何从。什么样的工作才是适合女性的？离开这个公司，我还能是谁？我做的哪些东西可以成为我自己的一部分？

那段时间是我思考最多的时期，我看看周围的人，除了微商，就是保险，没有太多可供选择的路径。

一个偶然的机会，我进了一个收费社群，在那个社群里，我遇到了辣辣和她带领的小伙伴。她们一出场就"炸群"，那是我对社群的最初印象。我看到了一个全新的世界，她们活出了我想要的样子，独立，自信，有使命。我看到她们每个人的朋友圈里都有一句话：为中国女性崛起而奋斗。这就是我一直想要追求的使命！

于是，在刚加入这个社群的第六天，我决定加入社群IP营，就是现在的新商业女性。那时是2018年11月，我是最早加入新商业女性的一批小伙伴！加入新商业女性之后，我没闲过一分钟，我开始听书、学习社群、学习如何变美，不断接触很多优秀的群体……一直到现在，我依然在全力以赴地践行新商的价值观。

2019年6月，我申请成为第一批城市合伙人——北京城市合伙人。

我开始做线上社群、线下活动。一开始做社群，我很紧张，面临很多问题，怕被人误解，不敢销售，不知道如何输出，在社群里不知道如何聊天。

这时，新商开了一门课——大群主课。学完那个课，我才真正掌握了社群的底层逻辑，慢慢开始社群变现了。

在2020年1月的年会上,我荣获了"勠力同心"奖,还获得了新商业女性的终身编码:009。

我领奖杯的那天特别激动,我哭了。在之前的工作岗位上付出那么多,我很少得过表彰;而在新商业女性,每一个人都能被"看见"。当时,我对自己说:"我要勇敢做自己,我现在正视和接纳我的一切,我也想让我周围的人变得更好,因为每个女性都值得被'看见'。"

回想2018年我刚开始做社群时,很多人不懂,连我老公都不太支持,但我知道我自己的成长和蜕变,我也知道这个生态圈带给我的意义。

刚开始,我不是第一批合伙人里最优秀的,但我是最能坚持的。

现在,我想告诉大家,先相信,再"看见"。

我的认知被重新改写,突破了原有的非常局限的圈层,认识了很多圈外的大咖和高能量的人。3年的时间,我从自卑到自信,整个人从形象到商业思维和社群能力都全面提升,蜕变为新的自己。

通过新商的社群体系,我从0到1搭建了团队,名字叫"绽放星球"。这是一支横跨北京、河南、河北、广东、四川、新疆的团队,这是新商的分布式商业形态。

在新商的创业女性生态里,我无条件地被爱着,我也有了爱人和连结的能力。

关于私域IP变现,我有如下几点感悟。

1. 个人IP打造

通过新商分布式节点组建的大生态,在社群里很容易做IP,坚持输出,多连接,很容易被别人"看见"。在全球生态CEO的大群里,连接的都是大节点,所以影响力也很容易扩大。

总部也会给生态CEO曝光的机会,比如新商公众号,还有一起做视频号矩阵等。

在2020年视频号处于风口上时,新商业女性立即推出"视频号V计划",我跟着总部实践,获得视频号加V认证,开启直播;获得了与大咖同台连麦的机会,也借势扩大了自己的影响力。

有了大咖的赋能加持,我的私域资源积累得更快。

2021年2月份,我通过社群+朋友圈+视频号,收入达10万元。

2. 建私域,搭组织

除了在生态圈中不断扩大影响力,我通过线上、线下也慢慢成立了自己的团队,尤其是在线上,我带着团队一起做社群,团队不断发展壮大。到了2020年1月,我有了4个合伙人。

2020年3月底,通过公益共学营,我的团队合伙人增加到了9人,会员有100人左右,我也因此荣获第一季度的"能量之星"。我们团队成员分布在全国各地,但只要一个号召,就能马上聚集到一起做项目,彼此托底。6月份,我们团队荣获新商业绩第二名。我带团队用社群的方式做了一场线上创业峰会,用时2周,创造了1个社群盈利26.9万的业绩。

2020年,我仅仅通过建设组织,积累了大量的私域粉丝,变现200多万。能取得这样的成绩,我主要是利用新商的体系,做了以下三点:

第一,帮助团队的小伙伴打造个人IP,成立自己的团队;

第二,帮助团队的小伙伴参与具体项目并变现,在生态圈中放大价值;

第三,社群与供应链完美结合。

我们团队是一支线上发展起来的团队,团队成员虽然不能时常见面,但我们在线上一起携手奋斗,让彼此靠得更近。

每次开线上例会,大家相互交流心得,彼此赋能和支持,像一家人。

疫情过后,大家转到线下,我们开始了本地化发展,形成了各城市分布式发展。

关于私域IP,我想再分享三点来结尾。

1. 每个人都可以有自己的个人IP

有的人总说自己很普通,其实所有大咖在成功之前都是普通人,重要的是他们相信自己可以成为大咖,并一直朝着那个方向努力前进。

个人IP不是打造出来的,而是活出来的。我们从0到1,变成自己想要的样子,就活出了我们的IP。

2. 有了信念与能量，你就是私域女王

不知不觉，在这 3 年里，我发生了很大的变化，由内而外地。我读了很多书，上了很多课，建了很多社群，发起了很多活动，拉起了很多团队，跑过很多项目，接触了很多社群的成员，也梳理了很多项目，于是我慢慢从一个小白，信念慢慢变强了，能量慢慢提升了，觉得自己可以了，即使不优秀、不厉害，也不会自卑了，才成为今天的女性创业成长教练。我们能影响别人的唯一因素就是信念与能量，你的信念有多强，你就能领导多少人；你的能量有多强，你就能影响多少人。

3. 聚焦，你就是赢家

你越是接收到复杂的信息，越是迷茫得不知道该如何选择，越是觉得无从下手、没有力量。

其实很简单，找到自己热爱的事情，找到你有、别人没有的东西，做到极致，持续做，你就是赢家。

如果当下的圈子是你想要的，当下的趋势是对的，赶快行动起来。比如做 IP 这件事，现在就下手，和一群志同道合的人一起，朝着目标，日拱一卒，1 年或 3 年后，你就是那个别人想成为的人。

最后，祝愿大家都能持续热情地活出自己的 IP！

果子露

IP社群教练
"女王游乐园"社群矩阵主理人
女性成长KOL

扫码加好友

果子露 BESTdisc 行为特征分析报告
I 型

新商业女性 New Business Women

报告日期：2022年02月25日
测评用时：43分42秒（建议用时：8分钟）

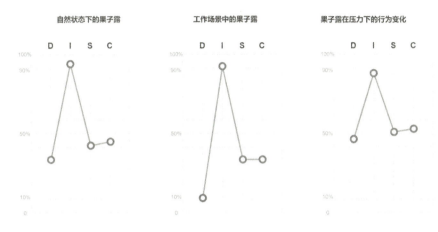

BESTdisc曲线

自然状态下的果子露　　工作场景中的果子露　　果子露在压力下的行为变化

D-Dominance(掌控支配型)　　I-Influence(社交影响型)　　S-Steadiness(稳健支持型)　　C-Compliance(谨慎分析型)

　　果子露的个性中有很鲜明的 I 特质，这让她擅长人际交往，乐观热情，积极向上。她既可以是鼓舞人心的领袖，也可以是忠心耿耿的追随者。

　　我们可以理解她为什么会从程序员跳到港险销售，因为前者是处理事(代码)的偏 C 型的工作，而后者是侧重处理人际关系的工作，显然后者更适合她。

　　她喜欢把精力放在和外界的交流互动上，不管是聊天讨论、参加活动，还是发布新媒体内容等。"日更视频号 30 天"挑战是

第三章　独立意识：让每个女性经济独立、人格独立

能让她发挥才华的一个活动,无论是创造段子,还是演绎段子,都是I特质的人擅长的。

"果子露的女王游乐园"是她自己取的社群名称,恰好能体现她的特点——慷慨大方,乐观轻松,有同理心,愿意支持别人。

不断清零、重启过的人生是什么样的体验

问你个问题,人生是按部就班地过好,还是按着心意探索更多可能性好?

如果问3年前的我,我一定选前者。那时候的我,是穿梭在深圳钢筋、水泥"森林"里,按点上下班,偶尔偷偷摸鱼的"程序媛"。对人生并没有太多想法,觉得能循规蹈矩地上班,十年如一日地生活就很好。

这可能源自我父母的传承。他们是恢复高考后,抓住机会考上大学的一批人,毕业后进入体制内工作,并且把一生都奉献在此。他们享受到了稳定的好处,在那个经常听到一批批人下岗的消息的年代,铁饭碗让我们家虽然从未大富大贵,但也能吃饱穿暖。于是,他们认定两件事:

1. 知识改变命运;
2. 安全感 = 稳定 + 循规蹈矩 + 按部就班。

所以,当我出生后,他们严加管教,把能给予的最好的教育资源给了我。我也没太让他们失望,成绩一直还不错,考进一所985大学读计算机专业。按部就班的做事方法是有惯性的,现在回头看,成年后我的所有选择,都带着这种惯性:毕业求职,我通过校招进了深圳的一家稳定的国企,工作几年后,结婚、买车、买房、生娃。

我开始对人生奋斗的意义产生了疑惑。午夜梦回,我开始思索,难道余生的每一天,都是这样重复吗?职场稳定得不像话,却隐隐透着一眼望到头的无奈,没有什么新挑战,升职有点遥遥无期,一个萝卜一个坑。到手的薪水波澜不惊,甚至这辈子能到手多少钱,都可以很快用一个简单的数学公式

算出来。我这么活泼有趣的灵魂怎么能就这样过一生呢？如果跳出重复，还有没有其他可能的活法？

如果可以自由探索未知领域，余生囿于格子间又有什么意思？接近中年危机的时候，我离开了大国企，进入香港保险团队，成为一名自由职业者。

中年"程序媛"转行卖港险，放在别人身上，这只是一篇吸睛文案，而放在自己身上则是巨大的迷茫。呼吸自由的空气不超过两天，突然面对崭新的商业世界，我这才意识到：每个人都说追求自由，但自由是有代价的。享受了自由，就无法享受小圈子的抱团取暖；选择了独立思考，就得自负盈亏，无法享受集体赐予的旱涝保收。

我不想向邻居、同学、老同事卖产品，于是开始做副业，直销、社交电商、微商都试过。那段时间我像海绵一样，疯狂报课和学习，文案课、演讲课、个人品牌课、时间管理课、社群运营课……同时，在做港险之外的时间，我开始做自媒体，争取在汪洋一样的互联网里留下痕迹让人看见。于是，我这个天天写源代码的人，开始发朋友圈、写公众号、做视频号"露露开讲"。

那段时间，我因为喜欢报课和学习，浸泡在各种社群里，很快就爱上了这种主动选择的圈子。社群不像同事圈、同学圈、亲戚圈——臣妾不爱，但臣妾离不开——社群是同类人的聚集地，因为价值观相同而聚集。接触多了手痒痒，凭着一腔热血和大无畏精神，那会儿不太懂社群的我，招募了五六个在社群里认识的女孩，开始做商业读书会。

我经常往返于香港和深圳，带着小伙伴们开会、招募、做产品、复盘，我渐渐学会了互联网拉新、留存、转化、裂变等。一开始，我们几个"菜鸟"不懂怎么做，就从模仿开始，同时加入自己的创意，连续办了一期又一期的付费读书营。随着对教育培训行业的理解加深，我开始帮一些IP操盘线上项目，也设计了成长相关的付费课程，逐渐积累小小的影响力。

也是在那段日子，我第一次尝到个人品牌的甜头——来自互联网的港险生意越来越多，甚至许久没联系过的人也来咨询，赴香港签保单。

当一切都往美好的方向发展时，命运却发生了令我猝不及防的转折。2020年2月，发生了两件事情：

第一件事关乎全世界,新冠肺炎疫情席卷全球,香港封关了。这意味着,我所有的客户都不能去香港投保,我的事业被暂停。

第二件事,是我家的大事。一家人正在居家隔离抗疫,爸爸突发头痛,说话颠三倒四。我们赶紧把他送去附近的医院,检查报告单上的几个字差点把我吓倒:颅内恶性淋巴瘤。

那颗鸡蛋大小的肿瘤长在功能区,无法手术。

我当时慌了,因为我是独生女,一直享受爸妈的照顾,第一次面对这种问题,快要吓傻了。我马上托人在湖南联系了最好的医院,把爸爸连夜从深圳开救护车送回湖南,在医院附近长租了房子,全家开始漫长的抗癌之旅。

那段时间,我每天都来回穿梭于出租屋和医院,和医生商量下一步的治疗方案,推着爸爸去放疗、化疗、做检查。生活兵荒马乱,心里无助,但我默默地扛着。

这时候,因为好朋友的推荐,我遇见了新商业女性,参加了社群商业思维课程。一进去,我就觉得它的社群文化很特别——"所有人看见所有人,所有人支持所有人"。

接下来的几十天,我感受到了新商能量爆棚的氛围,随时几千层的"大楼"码出来。而我在感觉低落的时候来爬爬楼,感受这里和其他社群不一样的氛围;再和来自五湖四海的女孩们聊聊天,好像也没什么值得难过的了。

我的脑袋还没作出判断,身体就告诉我,我喜欢这里,我想要和她们在一起,一起互相支持赋能。出于这个朴素的理由,我成为新商的未来生态CEO。

我在社群里认识了很多很多好女孩。我也跟着新商的线上密训,学习商业思维,学习做个人社群,学习做视频号,学习开启深度连接。那会儿也是我第一次体会可以和线上的人交心,但因为要陪护家人,我没参与过任何线下活动。

直到某一天,我看到新商在深圳有一场四天三晚的密训招募,身为生态CEO可以参加。我内心出现一个声音:我想去,我要去。那会儿,父亲已经进入癌症末期，我默默测算了下，万一发生最差的情况，我从会场赶到医院所需的时间，觉得勉强能应对。就这样带着忐忑和期待，我安顿好接手的亲戚和陪护，大着胆子跑去深圳，出现在了课堂现场。

幸好去了，那是我在那段灰暗的日子里，难得阳光明媚的几天。因为我心里知道，越是艰难，越是心里迷茫的时候，我越要走出来。

那几天的密训，让我第一次感受纯女性的线下社群场域。

作为"程序媛"，我在男性为主的职场世界里待了多年，是什么感觉呢？重目标、直来直往、重结果、轻情绪价值。但纯女性的场域呢，用几个关键词总结就是：真实、重直觉、重感受、情绪流动。

那几天除了上课，还安排了很多环节让学员们互相聊天，大家坐在地上围着圈聊天、一对一聊天、分小组聊天。我印象比较深刻的是在分小组分享环节，大家围坐在一起聊近况。我聊最近在湖南陪着父亲抗癌治疗的情况，很快有两个女生泪眼汪汪地拥抱我。她们也经历过父亲病重，我的故事触动了她们。她们跟我说了很多话，关于陪护的注意事项，关于哪里的名医可能有帮助……具体的内容我都忘记了，但那一天我突然明白：原来我们所有人都在经历大大小小的磨难，或深或浅地陷入痛苦里。我们都不喜欢磨难，但它不是一定要躲避的东西。因为相同的苦，能够让我们更共情别人的难。当我们选择用积极的方式，走出人生的困顿，最终将撑大我们的格局，让我们的心更加柔软，从而能用更成熟的视角去看待这个世界。

山本耀司说过："自己"，这个东西是看不见的，撞上一些别的什么，反弹回来，才会了解"自己"。

我觉得这次线下密训，是我经历的一次反弹。连续几天，我仿佛站在第三视角，看着自己和许多人，从陌生到熟悉，听她们讲自己经历的故事，有时候又尝试着站在她们的角度，听我自己的表达。

我一直觉得所谓的社交障碍是相对的。当一个人在某个地方遇到某些人，感觉到被接纳、被倾听、被专注地"看见"，他的表达欲会被激发出来。

果然，从深圳回家后，我的表达欲就被激发了，我深度参与了新商的一场线上"日更视频号30天"的挑战。

我白天去医院送饭,陪伴父亲。傍晚回到家里,我把白天构思的脚本写下来,化妆,拍摄,剪辑,宣发短视频。

我在连续30天的沉浸式创作中,有时候是跳《大风吹》的舞者;有时候化身《还珠格格》里的紫薇和小燕子、容嬷嬷;有时候只是我自己,安静地分享着《最好的告别》《蛤蟆先生去看心理医生》等我喜欢的书……

每一个作品都像是我亲手培养的孩子,在创作的时候,我投入了全部的爱。在作品里,我没有用人设给自己设限,因为我觉得没有什么标签能束缚我的灵魂,我甚至舍不得藏住我的每一面——戏精、有趣、爱深度思考、书虫——统统展示出来。

在完成日更30天的任务后,我收获了三样礼物:

第一,重新认识了自己都觉得有点陌生的自己,觉得自己有点厉害;

第二,一群认可我、喜欢我的粉丝朋友;

第三,"露露开讲"视频号积累了一千个粉丝,获得认证。

在辣辣的建议下,我建立了自己的第一个粉丝生态社群"露露的女王游乐园",创造了一个场域,让我有机会和那些真正喜欢我的人经常在一起,聊大家感兴趣的话题。

不久以后,爸爸累了,去了天上。在殡仪馆守灵的夜晚,我在"女王游乐园"社群里说:

"最近一个月,爸爸一直深度昏迷。我其实对这一刻的到来,既有心理准备,又在逃避。前天下午,护士把氧气量调到最大也没有用,我看到心跳慢慢变成一条直线。这个过程,我们家人就一直陪着,他很安详,没有痛苦。把他送上殡仪馆的车子后,我就先回家,送住院行李。

"我爸妈家在二楼,上楼梯的时候,我觉得这一刻世界好安静,时间也过得非常非常慢。不知怎么的,在这一刻,我感受到的是生命——生命的生生不息。一代人走了,另一代人继续活着。虽然也是奔赴死亡,但这个过程,可以不用那么赶。放慢脚步,慢慢感受时间、感受世界,听蝉叫,看树叶摇动,我调动感官去感受世界。不要迷迷糊糊地过日子,因为我们身体里带着他们的气息。我在一次死亡面前感受生,这就是我在爸爸离开我的那个下午的感受,分享给你们。"

《百年孤独》里有这样一句话:父母是隔在我们和死亡之间的一道帘子。开始面对死亡后,我对生命的意义有了新的思考。我觉得,人生海海,我们活着绝不是为了追求物质,不是为了蝇营狗苟,而应追求更有意义的人生。

料理完爸爸的后事,我去了大理。因为那段时间,辣辣以及新商的核心团队都住在大理,旅居办公。

我想去大理找她们,找这一群在我难过的时候,一直安慰我、支持我的人。那是一段神奇而漫长的日子,我们一群女孩在闲暇之时就跑去辣辣的别墅,三三两两待在那儿,大家聊对生命的理解,聊超级个体,聊社群,聊个体商业模式。

我也常常跟一群聊得来的女孩,穿得漂漂亮亮的,到处去拍好看的照片。

我开始跟着新商运作"IP + 社群 + 组织 + 供应链"的商业模式。在我的社群里,我沿袭新商"所有人看见、支持、帮助所有人"的社群文化,我也在认真陪伴、赋能女性成长。

我们可以不用成为大网红,但我们可以活出真实的自己,给很多女孩提供力量。"女王游乐园"经过半年的发展,目前已经孵化出 20 多位群主,每一位群主都在认真陪伴、赋能女性成长。现在已经从一个拥有百人粉丝的社群,成长为"女王游乐园"社群矩阵,它终于越来越有价值了。

我们为社会付出价值,总会带来回流,而金钱就是其中一种形式。我因为卖书、做读书营和健身训练营,以及接入新商的供应链,在社群中持续变现。最出乎意料的,是我曾在一个月内产生 50 万元的变现。

在社群里,情感是纯粹,商业是纯粹的。而这些群成员,也是我们在成为个人 IP 的路上沉淀的个人用户资产,不属于任何人,是我们随时在一起的私域小伙伴。在生态圈里,我们互相陪伴,提供商业价值、情绪价值。在这里,我们终于逃离了成为"工具人"的命运,不成为任何标准化的人,只需要成为我们自己。

我在这里得到了滋养和支持，我也要去滋养和帮助更多女性，帮助她们"看见"自己、发现自己，让她们可以按照自己的想法和意愿，为自己而探索新的个体创业方式，从而实现经济独立、人格独立，不依附于任何人。

让我们一起在人生的下半场，拿回属于自己的人生主动权。

澳洲茉莉

"实现人生蓝图"生态品牌开创者
人生蓝图国际导师
中国首位"生命之书"国际认证教练
天大盛世集团董事会主席

扫码加好友

澳洲茉莉 BESTdisc 行为特征分析报告
ICD 型

新商业女性 New Business Women

报告日期：2022年02月25日
测评用时：07分06秒（建议用时：8分钟）

澳洲茉莉具有非常吸睛的超高 I 特质，擅长人际交往，乐观向上，热情而才华横溢，但如果就此认为她就是这么外放地只谈感觉、不谈事实，那就错了。因为她的 D、C 特质都不低，注重事实，留意和记得具体细节，会小心、深入地逐步得出结论。

澳洲茉莉喜欢领导和自己专业领域、兴趣都相似的个体，能描绘出一个非常吸引人的美妙愿景或树立一个核心目标来说服和影响别人。因为她能够读懂各种群体，知道如何去影响他们，所以她会很好地推广自己的想法。

因此，我们不难理解为什么她深爱自己现在的事业，因为那是非常适合她、能让她尽显人格魅力的领域。

第三章 独立意识：让每个女性经济独立、人格独立

书写自己的"生命之书"

十八年前,我辞职,带着出国梦,从北京来到澳大利亚的墨尔本。

五年前,我辞职,带着自由梦,从墨尔本来到香港。

三年前,带着创业梦,我重回墨尔本。

此时此刻,我坐在墨尔本家里的阳台上,向你讲述,一个出国十八年的北京人,跨过国界、跨过千里的探索之旅。

不知道自己不知道

2017年以前,我出国,拿到硕士研究生学位,拿到澳洲注册会计师资质,和一起出国的男朋友结婚,生第一个孩子,买第一套房子,生第二个孩子,买第二套房子,爸妈、婆婆支持我们,两个儿子健康又聪明。

2017年,我的幸福感,第一次消失了。

那年的9月,我带着美丽的自由梦,开心地辞了职。为什么辞职呢?因为我有一份在传统意义上太适合女性做的工作,我可以清晰地看到自己二十年之后的样子。对于从小喜欢看梁凤仪财经爱情小说的我来说,稳定,是我最害怕的生活状态。就这样,我拿着公司给我的一年年薪,带着孩子们来香港和老公团聚。我快乐得像只飞出笼子的小鸟,心里唱着啦啦啦,住进了香港著名的度假小岛愉景湾。

一切都那么美好,但是我陷入了意想不到的情绪旋涡。

我内心出现了一种恐惧,每当认识新朋友,在自我介绍的时候,我就开始心虚。我发现,原先的职业标签,都已经不应景了。

我也不愿意承认自己是一位全职妈妈,一边做着跨境电商,一边挂衔我们北京公司的董事长,拼尽全力地证明自己。

但是,在内心中,我陷入了从来没有过的自我怀疑。

去除所有的标签后,我是谁呢?我想去哪里呢?

没有了标签,我是谁?

2018年11月,我第一次抛下老公、孩子,一个人拖着一个箱子,出现在了巴厘岛的一个五星级酒店里。现金流紧张的我,拿出5000美金,参加这个叫A-Fest的国际峰会。

为什么来到这里?因为它的主题是:遇见未来的你。

刚走进酒店大厅,就有人冲我走过来,二话没说,紧紧地拥抱了我5秒钟。这是这个峰会特殊的打招呼仪式,表达敞开、信任。很快,我发现,和我聊天的人,要么是畅销书作家,要么是某个行业的创始人,要么是人生教练。这类人群,在我以前的生活中从来没有出现过。我不得不承认,我好喜欢这些人,好喜欢他们的真诚。

让我印象最深刻的是,在会议厅的角落里摆着一个很大的牌子,上面写着"我的愿景"。每个人都可以在那里自由地写下自己的愿景,不用署名,但是三天了,我都不敢靠近那个硕大的愿景板,"我的愿景是什么呢"?我的脑子里一片空白。

终于,第四天,我鼓起勇气走向它。刚拿起笔,我就被上面的字惊呆了。

"我的愿景是帮助遭遇家庭暴力的弱势女性,活出自己。"

"我的愿景是用核技术推动人类发展。"

"我的愿景是把爱和陪伴带给更多的孤儿。"

我站在那里,忘了自己要写什么,身体好像通了电,心中的小火苗顿时燃了起来。

第一次,我发现,原来我的生命可以不只是我一个人的,我可以在我的生命里包含更多的人,"我"和"我们"用生命联系在了一起。

大家都经常提到一样东西——life book(生命之书),我不知道它是什么,但是我开始对它好奇起来。直到最后一天,我在会场被一对夫妻吸引了,我看不出他们的年龄,我喜欢他们之间那种和谐、亲密的感觉。我听到他们说,人生有十二个方面。十二个?这么多吗?

听完他们的讲解,我才知道,原来有一种人生叫"十二个维度的丰盛"。他们就是生命之书的创始人,Jon Butcher 和 Missy Butcher。

回到酒店,我立刻去谷歌上查他们的信息。我惊讶地发现,他们竟然是美国著名的亿万富翁,拥有非常值得炫耀的成果,但是,他们却从来没有拿这些标签来包装自己。

我突然意识到,这个生命之书,就是我在寻找的那个"离开了所有的标签,我是谁"的答案。

四个月后,在一个明媚的午后,我拿着自己写完的生命之书,第一次感受到了个人提升,从健康,到智慧,从情绪,到性格,从精神,到爱情,从育儿,到社交,从财务,到事业,从生活质量,到人生愿景。

我此时才知道,自己想要过什么样的生活,为什么想要这样的生活,如何去实现。

第一,我要活到116岁,在孩子的婚礼上跳肚皮舞,年龄不会减弱我的生命力。虽然此时的我,对健康没什么意识,也不会跳肚皮舞。

第二,我的孩子们,懂得聆听自己的心声。虽然此时的我,没看过一本育儿书,孩子 5 岁就被我送到补习班,平时都扔给奶奶带。

第三,我要把生命之书带到中国,点燃更多中国人心中的火苗。虽然这简直是天方夜谭,此时的我,离开中国十五年了,没有人脉,不会演讲,怎么可能将生命之书落地中国?

按照以前的思考逻辑,我过去所有的职业积累都和这些愿景扯不上关系,这些根本就是不可能的事情。

但是,现在的我不一样了,我相信我可以做到。

从一个人到一群人

2020 年 7 月,我遇到了两个贵人。

第一个贵人是我的事业伙伴姜航,他是一名通过学习蜕变式教练和生命之书体系,将自己从重度抑郁症中救出来的人生教练。与姜航的相遇,就像宇宙给我的礼物。一通电话,十分钟,我们俩就"一见钟愿景"。虽然至今我们都还没有机会见面,但是自从认识了姜航,我这颗距离祖国千里之遥的中国心,一下子就有了一种被托底的感觉。"将生命之书带给更多的中国人"的共同愿景让我们成为彼此的臂膀。

第二个贵人是晴子,她也写过生命之书,为了用生命影响更多生命,她毅然从加拿大回国,创办了心力动能教练体系。她告诉我,有一群人,叫新商业女性,在疫情期间赋能了三十万中国女性,她们立志助力三亿女性实现经济独立、人格独立。听到这里,没有犹豫,我也成为新商业女性的未来 CEO。

从此,姜航成了我的战友,新商业女性成了我的娘家人。

我和姜航成为生命之书的首批认证教练,开始陪大家写生命之书。在每个版块挖掘信念(P),创造愿景(V),思考你的目的(P),践行行为策略

(S)。这就是生命之书的丰盛法则——PVPS。

Jim 是一个孤身在深圳打拼的 90 后帅小伙儿。写完生命之书，Jim 花了 10 个月，并创造了三大奇迹：

1. 瘦身成功，原本 167 斤的他，瘦了 30 斤。
2. 脱单成功，找到了灵魂伴侣。
3. 收入翻倍。变更了事业赛道，开启了财富自由之路。

在 Jim 身上，我感悟到：真正的自由是你知道你想去哪里。

陈大约是一个全职带娃四年的宝妈。写完生命之书，她花了 3 个月，并成为生命之书的平台运营操盘手。每次收到财富回流的时候，她都会请孩子来打开红包。孩子说："妈妈，你好棒啊，边照顾我们，边挣钱，边帮助别人！"陈大约知道，培养孩子最有效的方法是——成为你希望孩子成为的人，所以她选择了自我成长，用行动为孩子传递正确的价值观。

在陈大约身上，我看到：母爱最有力量的表达，就是自我成长。

这样的奇迹真的很多。

在大家创造奇迹的同时，我的人生愿景也在慢慢地实现：

我在墨尔本找到一个教肚皮舞的老师，开始跳舞了；

我的孩子们爱上了现金流游戏，把自己挣的零花钱放在三个罐子里，分别用于投资、捐赠、宠爱自己；

我通过开设课程、做视频号、做社群的方式，打破了地理距离的局限，成为教育博主，创办了自己的平台。

从人生闭环到商业闭环

10 个月后，我们召集了第一批事业合伙人。

我和姜航，从导师和教练的位置被推到平台创始人的位置，成为一群人的领航人,但是这个时候,我发现事情不对了,我总是在分享生命之书,却很少分享自己。我发现,我给自己找到了一个新的标签——生命之书。

那么,如果离开"生命之书"这个标签,我是谁呢?

我仿佛看到自己又要陷入一个坑,而这一次,我拉了很多人进坑。这个觉察把我惊出了一身冷汗。

我坐在坑底,祈求一束光。这束光终于出现了,它就是新商业女性大学胡萍校长的新实体财富会。

虽然,这个7天的线上训练营,没有A-Fest的五星级酒店,没有阳光和沙滩,但是它给我带来的震撼,并不亚于国际峰会。

这次,我不再是那个默默眺望愿景板的人了,我从看球的观众席,走下了球场。

短短几天,我积极参与了十几次创始人项目的共创讨论。无论是共创我自己的项目,还是其他人的项目,我都百分之百地把自己放在创始人的位置上。

我不再背着"生命之书"这个产品标签,而是全然放空地去思考:如果我是这个项目的创始人,我会如何去做?

脱离了产品思维,我也挣开了枷锁,重获自由,脑子里的灵感不停地涌现。

这就是新经济下的用户思维:忘掉自己的产品,专注地为用户提供解决方案。我开始尝试用生命之书的内核去帮助身边的每一个用户。

一位宝妈找到了我,她陷入了负债危机和严重的情绪内耗,这种状态令她的婚姻和亲子关系都陷入了危机。放在以前,我会请她来上"万能的"生命之书的课程;而现在,我将生命之书里的 PVPS 变成了教练工具,在两个小时的梳理后,她完全突破了自我认知。

以前的她是典型的受害者心理,老公挣钱不够,孩子不听话;现在的她,相信"我是人生的主人,我可以创造我想要的未来"。她写下了"五年后实现财富自由,带着全家人去国外旅游"的愿景,找到了自己的财富赛道,制订了一个从负债走向财富自由的行动计划。

接下来,她开始行动了。

一个从来没有工作过的宝妈,找到了一个边学习边赚钱的好职位。为了感激生命之书,她早上五点钟就用视频号直播,把生命之书分享给更多人。

看到一个人在一个月内,创造了这么多的人生可能性,我们更加坚定了跳出生命之书课程思维的决心。

思维一变,海阔天空。我们很快就提炼出了生命之书的灵魂:

一套实用的 PVPS 梳理工具、一个十二维度的人生平衡轮复盘工具、一个"抄-超-钞"的能力模型、一个高效提升团队成长业绩的共创私董会模式。

生命之书在我们手中升级了。

企业家用它梳理商业项目;教练用它梳理人生困惑;在生活中,它被用来统筹婚礼、做学习笔记、写影评,甚至分析谷爱凌妈妈的育儿经。

只要有生命的地方,就有生命之书的灵活运用。

一个人的价值,取决于你能把自己的能力复制给多少人。有了这个工具,我们发现自己的复制能力和效率一下子就提升了。

创始人认知的天花板就是企业的天花板,这句话真的太对了。

产品思维的我们,是拿着锤子的匠人,到处找钉子,限制了自己的潜力。

用户思维的我们,是哆啦 A 梦,拥有百宝工具箱,拥有了无限潜能。

当商业闭环实现以后

作为一个搭建十二维度丰盛平台的创始人,除了成长,除了商业,我还在思考一件更重要的事:如何用挣来的钱帮助每一位用户的人生平衡轮变得越来越圆?

因为,我们最终要的不是钱,而是十二维度丰盛的人生,不是吗?

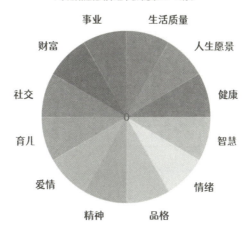

我们要创造的,是集体实现财富自由的人生状态!

疯狂吗?其实一点也不。

当我们的人生愿景极度清晰的时候,所需要的财富状态其实也就清晰了。你会发现,这个丰盛的状态不需要一个天文数字就能满足。通过资源共享的方式,它可以以十倍的速度快速达到。比如,共同的理财渠道、创造被动收入、共享高端度假会员福利、集资去做公益项目。

能够和一群人一起实现财富自由,是多么美好的事情啊!

我非常坚定地相信,这个愿景,一定会在我们生命之书的生态中实现。

虽然我们还在路上,但是我们已经看到了山顶上的美景。

最后,送给大家《无限可能》这本书中的一句话:"如果鸡蛋被外力打碎,那是生命的结束;如果鸡蛋被内力打破,那是生命的开始。"

我希望每一个读到这篇文章的人,都能够感受到,在 2018 年 11 月,我在巴厘岛的那个午后,所感受到的那种破壳而出的喜悦。

感谢我的家人和身边所有的朋友,一切才刚刚开始。

第四章

女性成长：把生命看作内在精进的游乐场

"女性成长"是新商永恒的命题，它不单单指知识的增长、圈层的拓展和外在物质财富的积累，在新商，它还指内外兼修、相辅相成，把生命看作是内在精进的游乐场。"女性成长"是为了让更多的女性走出痛苦，享受生活，成为"好命"之人——当我发生改变，一切也将随之改变。

在新商体系里，有非常多的成员在"女性成长"方面堪称佼佼者。她们在各行各业中成为领军人物，家庭也幸福美满。希望她们的故事，能激励和启发那些还没有走出困境，囿于家庭、情绪、工作、传统观念，日复一日地原地打转的女性。

在本章中，我们选择佳妤、张扬和夏亦文作为案例。她们性格各异、职业各异、境遇各异，但同样拥有蓬勃向上的朝气。

佳妤本来是一位从容淡定、不沾烟火气的大学教师，但家庭的重担让她不得不面对经济独立的问题。她开始不断尝试，又不断失败，经过"反馈、迭代、再反馈、再迭代"的敲打磨炼，她终于找到了自己，清晰地知道"我是谁"，并从中得到源源不断的力量。

张杨外向、主动又上进，从小立志做一个女强人，她持续对"成长"进行思索。我们可以看到，一开始她的理解是逼迫自己去追逐，去做那"优秀"的前20%。后来，她才发现成长是多层面的，内外兼修才能形成不断螺旋式上升的力量，真正获得幸福。

夏亦文内敛的性格中，带着比较深的家庭烙印。其实，她完全可以把重点放在自己跌宕起伏的经历中，童年时期丑小鸭—少女时期富二代—毕业后家道中落—从零开始经济独立，如果加上一些画面的渲染，精彩程度宛如美剧《破产姐妹》，但她没有，而是真诚、严肃地剖析自己点点滴滴的成长与蜕变。

三位女性仿佛就在我们身边，她们可能是邻居小妹、同事姐姐，甚至多年的闺蜜，然而，又仿佛不太一样。因为大部分女性还没有像她们一样，开始清晰地意识到"女性成长"是什么，并且带着热切的自信去践行。

不过，从现在开始，为时未晚。

佳妤

职场新女性意见领袖
"妤你在一起"女性成长社群主理人

扫码加好友

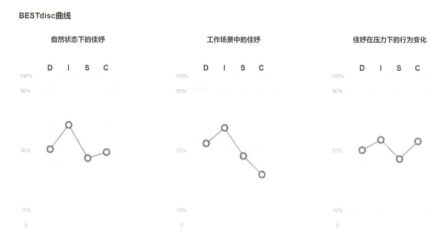

　　佳妤行动快、效率高,但并非单打独斗的个人主义者。相反,她有很强的同理心,提倡协作,被公认为有团队合作精神。她平时给人的感觉是有趣、活泼的,但遇到事情也能保持冷静、理智,其精辟的总结能够帮助团队找出复杂问题的症结所在。

　　佳妤比较健谈,热情、富有想象力,认为生活充满很多可能性。灵活、善变是她的重要特征,她会不断地求变、想开展不同的任务、寻求不同的解决方案、与不同的人打交道。这就不难理解,为什么她很注重"反馈、迭代、再反馈、再迭代"这样的进化模式,因为她内在的I、D特质都高,I特质的人喜欢获得反馈,D特质的人追求快速迭代。强大的内心让佳妤一直都在带领团队进步的路上。

"妤你在一起",我们都是超级个体

6月的昆明,天空特别干净和透亮。我侧身躺在昆明市经开人民医院的外科手术室里,医生往我的后脖颈里注射了一针麻醉药,然后开始小心地用手术刀切割和引流。不知怎么的,在昆明的第三天,我的脖子上长了一个巨大的肿包,造成周围的皮肤组织凹陷,到了非动手术不可的地步。随着医生的手慢慢按压,我开始感到疼痛,但内心是兴奋的,觉得这一切就像做梦一样。

我叫佳妤,是一名大学老师。第一次来到云贵高原,天空那么低,仿佛一下就可以抓到一团白云。我不是来开会的,也不是来旅游的,而是来参加一场线下活动——王辣辣超级网红IP营。

一个老师,参加网红训练?第一次来昆明,还做了一场手术!是不是特别不可思议?其实我也感到非常惊讶,但这一切又像是命中注定。

2013年,毕业后,我顺利进入北京一所高校工作。2017年,我结婚生女,日子平淡、稳定。2020年,疫情严峻,生活不断出现变化。我先生的公司突然通知裁员,他的名字赫然出现在裁员名单中。先生进入职业转型期,时间一长,经济压力随之而来。记得当时女儿非常喜欢跳舞,我们给她报了一个舞蹈班,但上了半年就不得不退掉,把学费用来还贷款。我深深地记得当时女儿哭着说要上舞蹈课的模样,但我实在无法开口向她解释家里的情况。与此同时,我忽然发现,自己的职业发展也进入了瓶颈期。面对这样的境况,我根本没有办法离职,因为家里必须要有一份稳定的收入,我小心翼翼地呵护着这份工作,生怕有一天会失去它。我真的不知道如果离开校园,

活出自己:新女性IP成长指南

我还能做些什么？从那一刻起，我变得焦虑和恐惧，也开始明白，为什么很多职场人明明面对着一眼望到头的职业生涯，哪怕是"温水煮青蛙"，也不愿离开。

我开始思考自己能做些什么，可以既不影响工作，还能多一份收入。当时恰好看到朋友在朋友圈里做母婴产品的推广，我看着简单且容易上手，便开始跟着她一起做。我后来又花了399元，加入了一个社交电商平台，继续推广日用百货。再后来，我还和闺蜜熬起了阿胶，花了一整天，一边熬胶，一边摆拍。我们把核桃、黑芝麻、玫瑰、红枣、蜂蜜、驴胶片和黄酒混合熬制，最后冷却切块，小心地用机器封装，这个过程收获满满，可是，我一锅胶也没有卖出去！渐渐地，我的朋友圈变成了广告牌，刷一刷，琳琅满目，特别热闹，但朋友的点赞越来越少，我敏感地觉察到，我的朋友都开始疏远我。

两个月后，我放弃了在朋友圈卖产品，把一切归结为：我不善于做销售。于是，我转向教育培训行业。出于热爱，我拿到了思维导图讲师的认证。在养育孩子的过程中，我进入了父母游戏力领域，又成了一名游戏力讲师。我天真地认为，这下我就可以理直气壮地开个培训班或者工作坊，用户就会蜂拥而至了。然而，现实是残酷的，招生并不理想，我开始对自己的选择产生了怀疑，甚至开始自我否定——做啥啥不行，干啥啥失败。

2020年11月，我站在北京中关村一间咖啡厅的门口，手握一张新商业女性商业课的门票，激动地推开了那扇玻璃门。我不知道我可以获得什么，但是我知道我必须不断地行动和探索，才能让自己走出来，而这张门票就是一个全新的开始。

后来，我成为新商业女性未来生态CEO。很多人问过我，我从那堂商业课中到底学到了什么？让我成为新商业女性的一员。

我想整个课程最打动我的是这四个字：超级个体！

什么是超级个体？当时的我并不是很理解，只是简单地理解为具有影响力和感召力的一群人。

从那一天起，我一边在大学工作，一边开始学习如何成为一个超级个体。用"学习"这个词其实非常不准确，因为我并没有因为学习一门技术就变成了一个超级个体，而是踏踏实实地跟着辣辣在生活中实践和感受，于是有了云南昆明之行。实践看起来非常简单，就是发发朋友圈、做做视频号、建立一个自己的社群，每天和大家深度沟通。也许很多人不屑于将时间投入这里。我想和大家分享一个关于魔方的思想实验。

这个实验是思考让一个盲人拼一个被打乱的魔方，他需要花多长时间才能把这个魔方复原？

答案你可能想不到，事实上，他很难在没有帮助的情况下，独立地把魔方复原，甚至给他137亿年的时间，都很难。

然而，还是同样的命题，只加一个条件，即他每拼一下，就给他一个反馈，告诉他离目标近了或者远了，这样的话，他需要花多长时间复原这个魔方呢？

答案是2.5分钟。

你没有看错。你看，只是在每一个步骤前，给一个反馈，盲人把魔方复原的时间就会从137亿年缩短到2.5分钟。

这个思想实验告诉我们的是：反馈、迭代、再反馈、再迭代，一旦击穿阈值，事物就会呈几何级倍数地进化。而我就是在朋友圈、视频号、直播和社群这些场域中，不断地收到反馈，促使我迭代、再反馈、再迭代，我越来越清晰地看见自己的样子。

2021年7月1日，我创立了自己的第一个女性社群——"妤你在一起"卓越女性生态圈。社群经历了三次迭代和裂变，从70人增加到150人，从免费社群升级为付费社群。每个人都是社群的参与者和共建者，我们共创了社群的logo，总结出了社群的文化价值。再小的个体都有自己的品牌，社群亦是如此。这里就像一个小小的星球，有生命，有文化，有土壤。在与社群成员深度的沟通中，起先我会把大家的故事分享在社群里，以便每个人能互相认识，后来，我越来越感觉到每个故事的可贵，便征求了主人公的意见，开始在视频号里分享这些故事。

2021年9月，Z小姐来到我的读书会社群。我对她的印象特别深刻，因为当时读书会已经开营了，她错过了加入时间，于是主动找到我，表示非常想来一起读书。我记得那期读书会读的书是《把自己当回事儿》。从此以后,Z小姐就一直在我的社群里。我们从网友变成线下朋友,Z小姐开始和我讲述自己的婚姻、家庭和工作。她在职业最顶峰的时候离开,寻找内心的方向,深耕于整理师行业,成为一名创业者,然后带领一批整理师去打造一个联盟。这一路下来都是无惧无畏的吗?不是的,她一直不敢表明自己的"单亲妈妈"身份,有很多担心。后来,慢慢地,她开始放下过去,抛弃固有思维,变得开放而笃定。她说,我不着急,我知道远方是我想去的地方,但那不是目标,脚下的每一步才是目标。

  兔兔妈妈曾经也是职场人,有了二宝后,她全职照顾孩子。一晃4年过去了,她的大部分时间都给了家庭。曾在职场的她,是一个大家眼中的"女强人"。我问她,你后悔不?她说,从来没有后悔过,回归家庭是顺应家庭大局,并不代表我永远是这样的状态。在社群里,兔兔妈妈特别喜欢跟着我,她一直是我的左膀右臂。我说,我又不给你发钱,你干吗这样支持我?她哈哈笑着说:我要看着你成为闪光的百万粉丝大V! 我顿时湿了眼眶,这种支持和理解,就连自己的家人都没办法全情给予。兔兔妈妈的为人处事闪现出了她内在的光芒。2021年,我们做了一个"自媒体行动"的社群活动,兔兔妈妈是群里唯一一个一直坚持周更公众号的参与者。可能她读的书没有他人多,文字也不如他人写的有文采,但是她有了忠实的粉丝,粉丝能够从她的文字中寻找成长的力量!

  第一次和W小姐姐见面,她给了我一个大大的拥抱,我瞬间喜欢上了眼前这位浑身上下散发着活力的女孩。然后,她告诉我,她都40多岁了,我简直惊呆了。W小姐姐做大健康产品,其实说句心里话,我原先内心会有一点抵触直销产品,但是走进她的世界,我已经完全忘记了品牌或产品。她的身上有一种无形的能量,她会咯咯咯地笑,然后特别耐心地和我分享自己的人生,包括求学、创业……似乎每个人都会经历这些,但是如何面对,却因人而异。我和她分享在新商业时代,更讲究人与人之间的连结,产品是放在后面的。她听了以后,并没有像我担心的那样,产生抵触、愤怒,甚至远离我,反而非常耐心地和我交流。W小姐姐喜欢她从事的事业,不论别人怎么看,她都活出了自己的样子,不被裹挟。她也改变了我的固有思维,让我用更开放的视角去看待周围的人和事。

还记得我创建女性社群"妤你在一起"时,我发出入群邀请后,收到了许许多多的"我愿意"的反馈。我们天各一方,甚至素未谋面,但我们像认识了几十年的朋友。她们的坦诚、努力和优秀,让我看到了我是谁。她们的故事就像涓涓细流,流淌在社群的每个角落,或浸润一片心田,或解一人口渴。我很庆幸,能够成为一个聆听者,听她们娓娓道来;我也特别荣幸,成为一名社群故事的见证者。

张杨

"山东动脉酒文化"社群创始人
新女性IP生态圈市场组织负责人
私域商业系统操盘手

扫码加好友

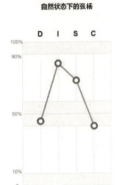 **张杨 BESTdisc** 行为特征分析报告
IS 型

新商业女性 New Business Women

报告日期：2022年04月04日
测评用时：07分16秒（建议用时：8分钟）

BESTdisc曲线

自然状态下的张杨

工作场景中的张杨

张杨在压力下的行为变化

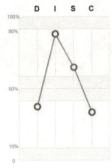

D-Dominance(掌控支配型)　I-Influence(社交影响型)　S-Steadiness(稳健支持型)　C-Compliance(谨慎分析型)

　　张杨的I、S特质高，D、C特质低。她天生擅长与人打交道，但不怎么喜欢处理数字、流程等事务。她作为领导，能让大家都在愉快、轻松的氛围中工作，但面对自己的上级领导时，可能容易因为大大咧咧的性格而被抓小辫子。

　　热忱、自信、耐心、毅力是她的性格关键词。她随和包容、处处考虑他人的需要和感受，能和别人轻松构筑融洽的关系，也能赢得大家的喜爱、尊敬和信任。

　　天生强大的感染力，让她总是能快速地召集起一群人来组建团队。I特质高让她重视真实与自由，但是S特质高也会让她因为处处考虑别人的感受而作出让步和牺牲。这种平衡和取舍可能会长久地伴随她，滋养她不断成长。

成长，是我人生永恒的命题

改变，娘胎里带来的

1986年，我出生于一个工薪阶层家庭，父母都是教师，生活美满幸福。

我的妈妈是幼儿园的教师，所以我在幼儿园一直当老大，小朋友们都听我的指挥。

从小，我听着爸爸弹琴、妈妈唱歌长大。自然而然，我能歌善舞，但也调皮得很。有一次，我爬上初中学校操场上的铁链，大概有二层楼高，最后摔了下来，肩膀摔裂了，打石膏固定，戴了大半年。所以说，我自小就是个假小子。

这样平凡的生活，有一天突然被打破。

那一天，我跟着爸妈进城购置物品，路过一所城里的学校。阳光下，透过铁栅栏，我看到了色彩鲜艳的塑胶跑道，学生们穿着干净的校服，不断嬉笑打闹。这不就是我在电视上看过、也梦想过的学生的样子吗？我想要和他们一样。

那天，回到家里，我就闷着头给爸爸写了满满五页稿纸的信，申请转学，改变命运。那一年，我10岁。

差距，是真实存在的

爸爸是爱我的，虽然我妈不舍得，但还是给我办理了转学。11岁时，我如愿去城里上学了。但是，宽敞的塑胶跑道、漂亮的校服终究抵挡不过孤单和害怕。每天一放学，别的孩子蹦跳着回家了，我就拿着IC卡去电话亭给我妈妈打电话，边说边哭，一哭就是半个多小时。我妈实在受不了了，说："回来吧，别在城里受洋罪了。"她倒是挺懂我，每次一说这个，我就不哭了。其实我也多次想过放弃，但终究放不下内心所向，哭了一个来月吧，也就适应了。

我将关注力放在学习上，此时才发现，无论是在说话，还是在穿着上，我真的格格不入。无论是爱好特长，还是学习基础，差距也真的不是一星半点，这让我有些说不出的自卑感。

同样的年龄，家庭条件也不差，那么，差距从哪里来的呢？

家长的意识、成长的外部环境决定了我只会傻傻地学习，所以，我懂得了，人生不是公平的。我在此后的成长路上，一直都在不断地追赶着前方。

毕业之后，我顺利入职了一家国有企业，但这并不是我想要的，完全是基于父母的要求。按道理，我不是一个"听话"的人，为何乖乖进了国企？因为我第一次创业，亏了5万，我借钱填上了窟窿，最后瞒不住了，爸爸帮我还的债。怀着愧疚，我也只能先回家乖乖工作，但我是个喜欢折腾的人，进入国企后，我面临一个重要的选择：做文职或者工会工作，还是去市场一线。我很坚定地选择了去市场一线，因为在市场端，需要靠真本领说话，更有挑战性。

2011年，是我入职的第三年。我开启了升职加薪的上升模式，但一切没有想象中那么顺利和美好。我本以为自己可以坐在办公室里，"遥控"下面的人干活。实际上呢，下面的伙伴都是和我一同应聘进来的，根本不服我。怎么办？

那时候，我还很弱小。天天下班回家，先在楼下哭半小时，再回到家里，跟父母分享的都是开心的事情。我怕他们担心，也怕他们对我不认可。到底如何改变现状呢?

我放下了身段,最苦的、最难的任务,我一直拼杀在最前面,拿数据、成绩说话,以身作则。下面的职员开始改变,不仅服气,还愿意跟我一起干。

本来团队齐心,一片欣欣向荣。可是,这才刚刚开始。当时我所任职的那家企业存在一岗多职的现象,管理层的分工边界不清。我一方面要面对市场真正的拼杀;另一方面,还要照顾到公司内部管理层之间的各种关系。我因为耿直的性格,经常被"穿小鞋",拼命干活,往往被别人抢走邀功;明明不是我的错误,却要我"背锅"。我的情商就是在那个阶段锻炼出来的。

2012年,因为业绩翻了三倍,我被提升为一家分公司的副总经理,分管一个酒庄和高尔夫球场的运营,面临巨大的挑战。

红酒和高尔夫,都不是我熟悉的领域,怎么办?我把工资全部拿出来去考证,考取了 WSET 全球认证品酒师中级。那真的是考脑力,考到最后,背的全是地理、历史知识和一长串的葡萄品种。很多人说,你可以去找公司报销这个学费的。说实话,我从来没有把钱看得很重,我自己成长的事情,自己来埋单,很合理。

我的酒量真的只有一瓶藿香正气水的量,人家学品酒知识都很亢奋,我呢,半天就要扶着墙出来。

升级妈妈

那时候,我的身体亚健康状况特别严重,口腔溃疡几乎不断,我曾经有两年不敢吃西瓜、西红柿这样沙口的食物。2012年,我牵手了我的幼儿园同学,我们是青梅竹马。结婚后,我们度蜜月,去的巴厘岛,那是我自打进国企后,第一次给自己放假。

因为身体不好,所以结婚一年,我都怀不上宝宝。好不容易怀上了,还流产了。2013 年,对我来说,是黑暗的一年。上半年难孕流产,因为焦虑,胖了三十多斤;下半年好不容易怀上了,要一直躺着保胎。

2014 年,我终于迎来了我的儿子。记得怀孕期间,月份大了,稳定了的时候,我就继续拼杀在市场一线。还有 15 天就到预产期,我还在上班,肚子几乎都顶在了方向盘上。我们办公室的小伙担心得不行,开玩笑说想当司机替我开车,劝我快休息。

我就是一个事业心太强的人,生了娃之后,出了月子就立马回去上班了。我的娃基本上是保姆给我看大的,因为我自己的体质不好,娃也是,三天两头往医院跑。那时,由于年年升职,我已经分管了 13 家分公司整体的市场运营,每天忙得晕头转向。直到有一次,娃重病住院长达近一个月,让我开始重新思考我的人生,这样天天忙于工作、连休息陪孩子的时间都没有的奋斗人生,是否是我真实想要的?

自己创业生涯

当孩子慢慢长大,开始会表达后,我开始进入了母亲的角色。我开始希望能够在追逐我的梦想的同时,有更多自由的时间陪伴他。于是,我毅然决然地抛弃"铁饭碗",进入自主创业的生涯。

从社交电商开始,初起步时,我是真的顺风顺水,很快拥有了自己的团队。但是因为自己没有互联网创业的经验,很快团队进入了一个成长的瓶颈期。

我是一个无论做什么都坚决不服输的人,所以我开始潜心学习,边研究边实践,又摸索了一年的时间,事业终于开始步入正轨。无论是市场发展,还是我的个人状态,都越来越好,稳步提升。这期间的酸甜苦辣,只有自己知道。

我父母、老公,从最初常常质疑我,到现在不管我做什么,他们都深信不疑。我觉得,这种改变源于我的努力和坚持。不管做什么,我都会坚持去突破、去解决,而不是放弃。

2020年初,我的事业也受到了疫情的影响。一场疫情之后,市场缺流量,大家消费时开始变得理性,压力大了之后,都在忙于生计,也都没时间来参加活动,怎么办?

这期间多亏了我的挚友,我们一同开办了"酒文化社群"。

从2020年4月份开始,我们在8个月内办了20多场活动,很多时候都是赔钱在做,真的没有任何目的性,就是想交朋友。现在明白了,那叫作"连接",我也收获了100多个小粉丝。

2020年10月份,我接触新商业女性整整一年了。

很多人问我,你来新商是不是为了赚钱?我很坚定地回复:是,也不是!

我来到新商,最主要的是想拥有平等的机会,与这个时代对话。在新商,我学习到了前所未知的内容。新商不是教条地教你成长、做市场、赚钱,而是真正从人格出发,让我们不断地完善底层,成为人格独立、经济独立的个体。

泡在新商的大生态里,我在人格层面和精神层面被深深地滋养。这个时候,我才真正地开悟。过去,我理解的成长,更多的是认知的成长;而来到新商,我看到了资源的成长、圈子的成长、信息的成长以及人格的完善。成长,是那么立体和有层次。

我也开始敢做一个真实的人,敢笑也敢哭,敢自由表达,敢展示自己的脆弱……我和家人的关系变得越来越好,特别是和我老公,从过去的看不见和不理解,到现在我们可以互相支撑、彼此赋能、相生相长,我感觉自己特别幸福。同时,我也感受到自己内心的柔软,在遇见更多的事情时,我首先看到的是人。这也大大地改善了我和朋友、事业伙伴之间的关系。

我也立志,在北方,成为新商业女性的代表,赋能更多女性一起成长。

如果你正走在创业的路上，不知道如何从无到有，赚到人生的第一桶金；如果你也正在经历后疫情时代，不知道如何转型；如果你也在搭建组织团队的过程中，遇到了很多难点，不知如何突破；如果你也想构建一个属于自己的女性社群，不知怎么做；那么，你可以来找我，我可以陪伴你，去迎接未来。

如果，你也在这样的路上前行，来吧，请走到我的身旁，你不再孤独，我们一起奋斗！

夏亦文

易道文化学者

扫码加好友

夏亦文 BESTdisc 行为特征分析报告
SCD 型

新商业女性 New Business Women

报告日期：2022年02月25日
测评用时：05分16秒（建议用时：8分钟）

BESTdisc曲线

自然状态下的夏亦文

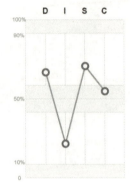
工作场景中的夏亦文

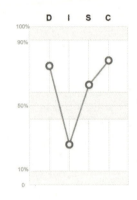
夏亦文在压力下的行为变化

D-Dominance(掌控支配型)　I-Influence(社交影响型)　S-Steadiness(稳健支持型)　C-Compliance(谨慎分析型)

　　夏亦文天性温和有礼，真诚可靠，高度关注别人的情绪、需要和动机，但她其实是一位有驱动力、当机立断的坚强女性。她办事可靠、有很优秀的行政管理和组织能力。

　　夏亦文讲求精确性，她不会跟着感觉走，而善于运用逻辑性的分析和理性的推敲来作决定。

　　因此，夏亦文会是一位非常靠谱的"军师"，不会花言巧语，却字字珠玑。真有什么事情交付给她，也会让人放心——她有魄力、有执行力，还有对完成质量的高要求。

天行健，君子以自强不息

人生就是一个太极，这个太极的背后蕴藏着阴阳两极，一阴一阳彼此压制、抗争、对立，又彼此成就。

不少人会问我一个问题："老师，你很年轻，为什么会如此坚定地选择传承国学这条道路呢？"每一个坚定的选择背后，一定是有着深刻的理由的。

从我记事起到现在，印象最深刻的是对家庭压抑氛围的恐惧。这份恐惧带给我紧张、压力。我的父亲是一个受教育程度不高，对这个世界的认知有局限性，但是又志向远大、积极上进的人。年轻的时候，他渴望出人头地，改善家庭生活，于是也学着他人孤注一掷地做生意。然而，在他投入所有资金之后，20世纪90年代的金融风暴席卷而来，这场声势浩大的金融风暴很轻易地就把父亲这叶孤舟打翻在时代洪流之中。他也从年轻气盛时的一往无前，变为负债累累后的消极悲观，家庭经济的压力压垮了这个男人，也让原本就严肃紧张的家庭氛围更加压抑。

自从生意失败以后，父亲的性格更加固执专横，脾气越来越差，对我们越来越苛刻严厉。最让我痛苦的是他似乎不懂得如何沟通，对子女教育的方式更多的是冷嘲热讽以及棍棒教育。只要有他在的场合，我都尽量谨言慎行，生怕说错一句话，招来嘲讽责骂。如果只有家里人，我还能轻松一些，要是有外人在的时候，面对他的责骂嘲讽，我还要忍受自尊心受挫的折磨。长期生活在这种家庭环境中，我察言观色的能力极高，异常敏感。也正是因为把注意力放在观察外界之上，来不及感受自己的内心，以至于我一直默默忍受着内心的压抑而不自知。

我还记得,我读初中时开始住校,每个月回家一次。每当放月假的时候,其他的同学都会早早地把行李收拾好,并提到教室等着,下课铃一响,他们便飞奔出校门,坐上回家的车,而我是回家最不积极的那个。每次在回家的车上,每到一站,我都会在心里默默计算还有多久到家,还有多久回到那个氛围诡异到能让我产生窒息感的地方。别的同学都是希望回家的路途尽量近一些,而我则恨不得最好一个学期都不要放假回家。当时我没有独立能力,学校是我觉得比家里放松、舒适的地方。那还仅仅是在初中阶段,我就意识到,家对于别人或许是温暖的港湾,但是对于我来说,是让我战战兢兢、充满恐惧的地方。那时,我最期待冬天的夜晚来临,那样就可以一个人裹紧被子、拉上窗帘、关上灯,静静地蜷缩在房间里,脑海里可以想象着我如何自由表达,思绪也可以自由地飞到九霄云外,不需要看他人的眼色行事。在那样的夜晚,我可以自由地拥抱自己。

我曾经一度以为事业上的失败和经济上的压力是让父亲对我们施加语言暴力的原因,在某些时候,我甚至以为他对我们发脾气,也是我们帮他分散压力的一种方式。我以为那么渴望改变命运、相信一定能出人头地的父亲在事业成功了以后,也许压力就没有那么大了,会对家人们宽容一些、放松一些、温柔一些。然而事与愿违,在他事业成功、赚了很多钱以后,他反而更膨胀了,并且更严重的是,他把过去仅限于对待家里人的这种暴力方式,用到了其他人身上,比如他的员工、其他的亲戚等等。这样的后果就是那种令人窒息的压迫感不再只出现在家里,而出现在更大的生活范围里。我需要面对他更苛刻的要求和掌控,有他的地方如同天牢,因为不知道下一秒钟会不会又招来什么无妄之灾,受到他的责骂和嘲讽。待在那样的环境中,我犹如惊弓之鸟,惶惶不可终日。

大学毕业以后,由于父亲的生意越做越大,我留在他的公司工作,那个时候,我想着我要努力帮父亲一起守住这来之不易的事业。父亲在经济上从不限制我,在同学们还拿着三四千块钱一个月的工资、朝九晚五地上班的时候,我的卡里几乎从未缺过钱,朋友们在生活上遇到经济困难了,第一个求助的人也是我。她们经常羡慕我不用承受工作压力,也有花不完的钱,但是在我的内心里,她们拥有能够平等交流的家庭,这才是我可望而不可即的。

我们常说,危机背后隐藏着生机。在我进入父亲的公司工作三年以后,公司开始出现问题。就是在寻找外援的过程中,我遇到了一位很有智慧的老师,她了解了父亲的公司和我的生活以后,对我说了这么一句话:"亦文,你需要进步,进步的前提是学习,但是你的身边没有高人。"一语点醒梦中人,就是因为这句话,我开始思考我是否可以拥有自主也自由的人生。老师的那句话在我心里埋下了渴望成长,也渴望拥有独立、自由人生的种子。我终于敢思考如何离开父亲的掌控,去独立生活了。在往后的日子里,这种想法愈加强烈,但是我始终没有勇气踏出那一步,因为骨子里对于父亲的畏惧让我不敢行动。

很快,父亲的公司破产了,破产不仅让我们家债台高筑、背负数起官司,而且曾经的那些亲朋好友开始对我们避之不及、冷眼相待,让境况更糟的原因是父亲那更加暴躁古怪的性格,让我自尊心最受伤的一次也发生在这个阶段。有一天,父亲在外处理事情,结束后与我约在饭店一起吃午饭,同行的还有我不认识的父亲的朋友。那一天,我给自己化了个淡妆,也许是我化妆水平太差,又或者是他刚好心情特别不好,正撞到了枪口上,我一落座,父亲就开始数落我不该化妆,各种讽刺的话语让我当场无地自容,我只记住了那句"只有风尘女子才会化妆",以及同桌吃饭的人尴尬,却又欲言又止、对我流露出来的充满同情的神态。这些都深深刺痛了我的自尊心,而在那样的场合,我只有强忍着泪水,不让它流出来。

父亲的公司彻底破产以后,家里没有了收入,我终于等来了可以光明正大离开家庭、走向社会的机会——因为我需要去打工挣钱,养活身体不好的父母和自己。这个时候,我很迷茫,我不知道自己可以做什么。我想从事教育行业,但没有师范文凭,只能去教育机构里面应聘最基础的岗位,也就是教育销售。这份工作的工资很低,底薪只有两千多,每天需要电话拜访上百个客户,才有可能得到一个有意向的客户。当时的生活虽然拮据且辛苦,交了房租和预留生活费以后,所剩无几,但是我的精神终于自由了,我终于不用再看任何人的眼色做事,不用长期忍受语言暴力,也不用再被父亲极端掌控在温室里了。虽然住的是和别人合租的老房子,但是我终于有一个能够自由安身的场所了,我还记得房间里的铁架子床,很硬,也很低,但是每天下班以后,我都会加快脚步回到家,然后彻底放松地往床上一躺。这种贫穷但是自立的生活,让我第一次在生活里体悟到了易经哲理,凡事一体两面,有得必有失,我虽失去了家里的经济支持,但是我得到了历练自己的机会,并且开始对未来有更深远的思考。

大概中国人在骨子里就刻下了"居安思危"的意识,当时的贫穷生活让我对这个词理解甚深。在进入公司后,我发现一种现象,那些在公司里拿高工资的人都是在公司连续工作了5年以上的老员工,他们拿着在我当时看来是巨款的5位数工资,但都是靠不敢生病、不敢请假、坚持加班熬出来的。这期间,还有一个同事因为家庭原因跳槽以后,他的收入居然直线下降,上一个月他还是领着五六万的月收入的中层管理人员,但到了新的公司,一切又得从月入三千的基层开始干起。这个事情引发了我的危机意识,让我再次陷入了不安之中。我很清楚我不会永远年轻,不会永远拥有良好的体力来加班工作,最重要的是我不愿意将自己的命运捆绑在本来就充满变数的这个公司之上。因此,我开始思考,当自己年届不惑之时,想过什么样的生活?我意识到自己需要找到一项热爱并且能长期坚持的兴趣,并把它发展成事业。这个事业的特点是随着阅历的增长会增值,越老越值钱的那种。当时,我用我有限的人生经历锁定了三个职业方向,分别是老师、财务会计、医生。很显然,后两者的专业要求太高,并且也不是我喜欢的,于是直接排除,这样就只剩下了老师这个职业。

"三人行,必有我师焉。"在如今这个社会,只要某一方面的专业能力突出、品德端正的人,就可以为人师。由于我也需要改善生活,因此这份工作一定是当下能变现赚钱的。这个时候,我发现自己从小就对传统文化,尤其是易经文化特别感兴趣,并且我曾经多次付费去咨询,我个人觉得对自己的人生而言是有帮助的,因此,我在确定了这个职业的可行性以及确认了自己足够热爱以后,就开始在网上付费学习。

很快,我开始不满足于已经学到的知识,我认为中国的传统文化,尤其是儒道两家的文化是体系很健全、很具有智慧的。我萌生了一个想法,我要找一个品德厚重且学识渊博的老师,拜其为师,跟随师父修行。

命运的天平终于向我倾斜了,在确定了自己要跟随高人学习的愿望以后,我很快就遇到了我的恩师,也就是易学大家闲云老叟先生。恩师是一位研究儒道和中华文明多年的世外高人,他不仅学识渊博、通晓古今,更重要的是他德高望重、豁达大度,并且为人低调。这样的一位大家,自然是不缺学生的,所以我说的好运正是从成为他的学生开始。我不仅能够学习传统文化,还能跟在师父身边,学习他的厚德载物精神。我一边学习,一边疗愈自己,也帮助更多人穿越迷茫。

此刻的我,正在武当山这个道家文化厚重的地方回忆我过去30年的人生。我从当初被打击得唯唯诺诺的自卑状态,变为现在自信、坚定、不再迷茫。我摆脱了曾经的焦躁,开始变得沉稳淡定、温和宽容。我也收获了幸福的家庭和稳定的事业。我开始真正体悟到对世间万物都应秉承敬爱之心,世界也许能因我而变得更好。

我相信,每一个自立、勇敢的人,都能收获幸福。我们要感谢生命中那些帮助过自己的人,同时也要感谢那个不甘屈服的自己。

第五章

自我认知：与自己对话

新商体系中的女性内容分为"独立与价值实现""羁绊关系"和"商业关系"三大版块。本书第二章至第四章的内容正是对应第一版块。第二版块"羁绊关系"包括：自我认知——和自己的关系，亲密关系——和父母、伴侣、孩子的关系，家庭——家庭成员的角色定位和相处之道。

我们一生最离不开，又最容易忽略的，正是自我认知——与自己的关系。有多少人曾尝试与过去、现在、未来的自己对话，达成真正的和解？

在本章中，我们选择了四位女性作为案例，她们是碧然、晓娴、暖风和盖盖。她们有各自的故事，都经历了一个从不自知、迷茫到逐步认清自我的过程。

碧然曾经是广州一位优秀的银行系统管理者，处于金融业、体制内、上升期的她，前途一片光明，但是她始终感到纠结，因为她喜欢人胜过喜欢数字。她需要用巨大的勇气，才能抛下这一切，重新开始，找回那个热爱人、热爱生活的自己。

晓娴曾经是别人眼中的完美女人——计划去哪所学校上学、去什么样的企业工作，计划买车、买房，找什么样的老公结婚，生什么属相的孩子、几月生、生几个、生男生女，什么时候辞职创业，都是按计划完成的。谁能想到突然有一天，她会崩溃痛哭，这时再去与自己对话，内心早已满是创伤。

暖风一直在寻找自己的天赋与兴趣所在。在进行自我认知之后，更重要的是接纳。她说："原来，我们就是自己的宝藏，我们向内去探索自己，挖掘自己的天赋、能量，就能做回闪闪发光的自己，我们都是独一无二的存在！"

接下来，我们需要静下心来看看盖盖是如何认知自我的。我们能看到一个有趣却有意内敛的女孩，她试图尽可能全面地向我们描述自己，却又因为层次过于丰富而显得有点束手无策。她想借助绘画、诗歌和散文，然而这一切依然无法完整地表达自己的内在。

看完她们的故事，我们不妨合上书，休息一会儿，尝试问问自己：

我想对过去的自己说什么？

我想对现在的自己说什么？

我想对未来的自己说什么？

碧然

瑞塔教育创始人
身心能量导师
国际灵气执行师&能量提频师

扫码加好友

碧然 BESTdisc 行为特征分析报告
SC 型

新商业女性 New Business Women

报告日期：2022年02月26日
测评用时：09分50秒（建议用时：8分钟）

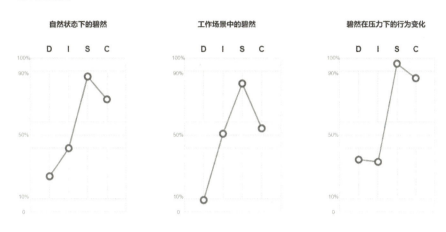

碧然细腻体贴、温柔可人、耐心周到，使别人感觉轻松、舒服。

尽管很多人都觉得高 S、C 特质的人特别适合从事财务工作——既稳重，又细心，但我们要看到碧然的特殊性，她的 S 特质（关注人）远高于 D 特质（关注事），她内心不喜欢跟钱打交道，更喜欢跟人打交道。这也是为什么她会凭借非凡的勇气，放弃安稳、舒适的银行工作，背井离乡去改行——本来超高 S 特质意味着抗拒变化、追求稳定，但内心强大的驱动力促使她迈出那一步，从事她真正热爱的"关注人"的职业。

勇气十足地打破枷锁，才能阳光灿烂地迎接真正的自我力量！

逆风飞翔的我，值得世间一切美好

我在1990年出生，巨蟹座，来自花都广州，是个恋家的女孩。

职场生涯——酸、甜、苦、辣

在大四那年，我本想考公务员，没有找工作的心思。当时有很多银行到学校举办招聘会，我了解到网申通过后的笔试里会有公务员的行测题，于是投了其中几家银行的网申，一心想为自己提供行测实战模拟训练。"有心栽花花不开，无心插柳柳成荫。"我最后国考落选了，但是拿到了一家国有银行的offer(录用通知)。更巧的是，我被分配到家乡花都的支行上班。

从一入行开始，我就感觉到这里不会是我待一辈子的地方，自己对金融实在没有什么兴趣。但是反思之后，我提醒自己不能太浮躁了，于是沉下心来，每天脚踏实地地工作，尽自己最大的努力去把工作做好。

渐渐地，我从一个对私小柜员，慢慢变成一个将对私、对公、国际等业务全包揽的运营人员，职级也升到了具有管理职责的主管后备人员，成为高级客户服务经理(运营方向)。

产生满满的成就感之余,我心里却生出了恐慌。我意识到,头上的这些光环,是因为我站在这个平台上,在领导给机会、同事配合的情况下,自己每天做好分内事,自然而然获得的。脱下这些外衣之后,我仿佛什么也不是、什么也不会,这或许是体制内工作者都会遇到的情况。螺丝钉般模式化的工作,虚名假象的背后,是个性、才华与创造力被磨平,自我价值感极低。

带着这种忧虑,我放弃了好几次行内晋升的机会。我感觉前路是越走越窄的、看得到尽头的胡同,没有一丝希望与光亮,尤其随着大数据和人工智能时代的到来,很多一起"打仗"的"战友"纷纷转岗或者离职,过往的熟悉和亲切感不复存在。

在急需转机的时候,幸运女神悄悄降临到我的身边。2019年年初,组织让我以广东省唯一一个借调人员的身份,进入上海总行,参与总行重大创新项目的系统与产品需求的研发运营工作。还记得那是一个平凡的下午,主管跟我说上海总行那边选上我的时候,那瞬间我内心的雀跃与身体的轻盈,远远胜过从未离开广州生活过的担忧与不安。那时,我有一种很强烈的感觉,这绝对是我人生当中非常重要的转折点。

从基层运营一下子到总行统筹管理,在这段借调工作期间,我接触到完全不一样的工作内容,处理事情的视角发生了很大的变化。带我的老师不仅专业,而且很有耐心。跟来自五湖四海的借调人员一起工作,跟来自不同分行的领导、同事在线上协同办公,自己的想法和意见能被大家认真聆听和欣然采纳,这种感觉从未有过。本来只有半年的借调,却被领导续借了两次,我最后在总行待了一整年。

我非常珍惜这次到上海工作、生活的机会,愿意在每个工作日都忙到凌晨,为周末的出游腾出时间。在上海的每个周末,我几乎都在外面游玩,这里有我喜欢的一切,如音乐会、演唱会、舞台剧、展览等等,我亲身体会到上海这种中西方文化交融的无穷魅力。我甚至放弃了单位报销费用的所有回家探亲的机会,在法定节假日,经常到苏、浙等地方游玩,中秋、国庆期间还飞去了大连和长白山。在旅途中,我会遇到聊得来的伙伴,互相不知道名字,但是能畅快地分享彼此旅行的见闻和趣事,非常开心。每到一个新地方,我都喜欢到一家热闹的店里,打开电脑,静静地记录当下的心情,时不时抬起头来看看大家脸上洋溢着的快乐的笑容,然后拿起手上的奶茶,细细品味这份自由与惬意。这段快乐的经历对我后面的离家发展起到了极大的推动作用。

经过一年的努力,总行项目阶段性落地,获得了优秀奖,我也得到了总行领导的认可,给了我留行的机会,然而我放弃了。项目的顺利落地确实让我有很大的成就感,但我不希望自己像总行老师那样,每天都用生命去工作,几乎没有自己的时间去做内心喜欢的事情。

过去,我总以为自己离开家里人的照顾就不能好好生活,总以为自己离开原来的工作环境就胜任不了任何岗位,我在上海待的这一年里所经历的事情,打破了我内心的恐惧。在每次出游的日记中,我都会写下关于离职的思考,尤其是对我将会面临的困难与挑战,都进行了详细的分析,但这毕竟是个会影响人生的重大决定,即便已经写了好几万字的利弊分析,我也还是没能够最终拍板。

2020年年初,借调期满,我回到家乡广州的支行。我作为本地人,通常会被安排在新年期间值班。那时,刚好是疫情暴发期间,基本上没几个客户。我坐在柜台里,看着面前堆着的几捆待清点的人民币,以及旁边厚厚一叠待处理的涉外汇款申请书,突然感觉全身发痒难受,灯光明亮的大厅好像一下子变得昏暗无比。

我突然听到一个声音问我,你那么辛苦地赚钱,到底是为了什么?你赚到的钱有花得很开心吗?你希望你的人生都在这里、每天都以这样的方式度过吗?

在那个瞬间,我那颗摇摆不定、悬着的心终于沉下来了,我要做出可能是今生最重要的决定——我要离开工作了六年多的地方,即便当下还没想好未来去往哪个内心热爱的方向,但是强烈的体感告诉我,我人生要走的方向不在这里。我宁愿停下来好好休息,也不要南辕北辙,继续让纠结和内耗浪费人生宝贵的光阴。

那天回家以后,我跟家人详细地讲了我的整个心路历程,得到了家人一致的支持。于是,即便后来支行和分行领导陆续通过给予晋升机会挽留,身边很多同事、朋友多番劝告,我也毅然决然地迅速办完了离职手续。那时候,我才意识到,如果一个人真的到了离职的临界点,身体是会有强烈反应的,这时候做出的决定,是不容易被动摇的。离职确实需要一个冲动的契机,而这份冲动更多地体现在对自己价值和能力的自信上。

离家发展——奔赴热爱

在找工作的过程中,我不再把工作地点局限在广州,而把上海也纳入了考虑范围,结果是上海那边给我提供了更多的面试机会。作为一个广州本地人,却在遥远的"魔都"里找到并释放了真正的自己,我爱华东区域这片水土,喜欢这边自由开放的人文气息、浓郁厚实的文化氛围。所以,在家休养生息了大半年后,我离开家乡广州,跟随内心的指引,奔赴上海,重新开始我的人生。

在上海,我在一家规模较大、供应链条相对成熟的电商公司做运营。其实,我还得到了另一个银行总部的工作邀请,工作内容跟我借调时类似,我却婉拒了。因为在我心中,理想的工作是能够发挥天赋优势的,是我热爱的、让我能更从容地去感受生活美好的工作。

不过,对于自己的天赋与热爱是什么,我那时候还不懂。2020年年底,我不经意间点开了一个公众号的推送文章,报了一个"小白营",新世界的大门由此打开。

"小白营"结束后,我跟随直觉报名了整个课程。那段时间,我白天上班,晚上学习,从小就爱学习的我,第一次体验到什么是身体为之振奋的学习,即便在凌晨听课,也像是打了鸡血似的激动不已,全身有使不完的劲。

结缘新商——全新蜕变

2021年6月底,我辞去做了大半年的电商运营工作,让自己有更多时间去学习和探索自己热爱的领域。当时,我冒出过一个念头,希望有机会进入一个正能量的场域,让我可以快速学习和成长。就在这时,我遇见了新商,一切最好的安排仿佛都是无缝衔接的。那是一个神奇的场域,每个人自由、真实地表达心中所想,我在里面遇见了很多跟我有相似想法和经历的女孩,聆听她们的故事,仿佛遇见了世界上的另一个我。

有一次,群里转发了《我眼中的王辣辣》这个视频,我每次翻看都会忍不住落泪,内心翻滚不已。这个视频讲述了辣辣做赋能女性事业的初心以及为此持续付出的努力,让我想起从前看过的那种女主从现代穿越回古代,去拯救一群被思想和现实束缚的女孩的小说情节。

参加完线下心动课以后,一个嘴边总挂着微笑、眼角弯弯的女生给我们讲解了新商的生态文化,那是我第一次见到我未来的群主——胡悦。她笑容温暖,字字铿锵,在台上自信绽放、浑身散发光芒的样子深深吸引了我。听了她的新商宣传,我脑海中浮现出五彩斑斓的未来蓝图,内心的亢奋让我全身的血液都沸腾起来,耳边响起一个笃定的声音——加入新商大家庭。于是,在8月底,我跟随内心指引,成为新商未来生态CEO的一员。

未完待续——无限可能

我其实是一个特别简单、普通的女孩,目前还没有像很多人那样有跌宕起伏的人生经历。一路走来,我从广州到了上海,如今因为男友而搬到南京,从家乡到远方,从体制内工作走向自由职业,至今没有后悔过,因为每一次选择都是我跟随内心和身体直觉所做出的决定。

从0到1这个阶段往往是最艰难的,不过目前我已经走过来了,几经波折,我终于找到了内心真正热爱的东西,找到了自己喜欢的生活和工作方式,也找到了与我并肩作战的知己伙伴。或许在一开始,我并没有走得很快,但我始终相信,慢就是快,走得慢也意味着走得稳,把投注到他人身上的能量收回来,按自己当下的节奏,一步一个脚印地往前走,说不定是最快到达理想彼岸的方式。

回顾过往,我最大的感悟是,大声向宇宙说出你的梦想。紧紧抓住来到身边的每一个机会,因为它们看似稀松平常,但其实都是在推动命运轮子前进的路上,宇宙给我们的意味深长的助力。

未来,我要继续好好真实地做自己,自然吸引喜欢我的人,不是因为某个职业或技能,而是因为我本身散发出来的光芒。我也会在这一路上,持续分享和传播美好价值给越来越多的人,因为赋能他人,从愿意分享开始。赋能他人,不是必须要走了100步才有资格进行,而是只要你向前走了5步,你也一样能照亮那些只走了1步,或者还在原地不动的人。

我是新商业女性,未来的我还会有许多身份,但唯一不变的是,我就是我,做自己热爱的事情的我,宇宙间独一无二的我。

晓娴

梦想疗愈导师
国际专业教练协会ICF PCC专业教练
销售&管理培训师

扫码加好友

晓娴 BESTdisc 行为特征分析报告
SC 型

新商业女性 New Business Women

报告日期：2022年02月25日
测评用时：10分29秒（建议用时：8分钟）

BESTdisc曲线

自然状态下的晓娴　　　　工作场景中的晓娴　　　　晓娴在压力下的行为变化

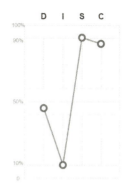

D-Dominance(掌控支配型)　　I-Influence(社交影响型)　　S-Steadiness(稳健支持型)　　C-Compliance(谨慎分析型)

　　晓娴最突出的个性是缜密(高 S 特质、低 I 特质)，这让她远比一般人更具计划性，逻辑分明，善于制订计划和进行思考。晓娴努力工作，也会审时度势，愿意倾听别人的想法。当情况或事情对自己非常重要时，会主动适应环境。做事贯穿始终，会坚持完成手中的任务。

　　她友善包容、谦恭谨慎、温和亲切，但可能并不那么喜欢对外表达，尤其超低的 I 特质，让她更倾向于沉默，把一切情绪都放进肚子里自我消化。

　　在面对压力和挑战时，她会专注于"缜密"和"精准"(高 C 特质、低 I 特质)，这本身就会造成负担，甚至积累创伤。

　　幸好她及时觉察到这一点，并找到自我疗愈的好方法。

第五章　自我认知：与自己对话

人生不是证明题，只需要活出生命的意义

好端端的我，需要疗愈？

有一天，我像往常一样，赶早上最早一班津京的动车，然后坐地铁，在去教练课堂的一条林荫小路上快步赶路，望着在旁边公园里散步的人群，我突然放慢脚步，鼻子一酸，一股委屈涌上来，我意识到：我为什么不允许自己停下来，不允许自己欣赏马路边的风景，没办法享受生活，一直在为未来奔跑。我想从疲惫中挣脱出来，希望让自己从此学会活在当下。

我跟教练课的国外 MCC（Master Certified Coach）老师预约了一小时的大师级个案，教练只提了不到 10 个问题，她说的话很少，我却哭得稀里哗啦，很多深层的恐惧都表露出来。

MCC 教练指出我的创伤太深，已经不只是教练能解决的范畴了，需要做疗愈，单凭这一次个案不可能完全解决。

上面这一幕发生在三年前。

我是晓娴，也是两个孩子的妈妈，自主创业不到 2 年。

现在的我,每天过着自己曾经梦寐以求的生活:与来自全国各地的自组织团队通过线上交流沟通,办活动,开课,每个月一半的时间在工作。与其说是在工作,不如说是在用自己的热爱服务有缘的伙伴,此外,可以自由安排和家人在一起的时间。

我和三年前的自己判若两人。

一直在做证明题,一度让我受益

我曾经三十多年都一直活在各种目标和计划中,以及各种证明中。

我出生在农村,在三姐妹中排行老二。我记得小时候就有很多的不服气,因为在奶奶的六个儿子中,爸爸排行老三,除了我们家和四叔家生的都是女儿外,其他伯叔家都有儿有女,所以我们不被待见。幼小的我想着,一定要活出个样儿来,让亲戚们刮目相看,让他们觉得女孩子一点都不比男孩子差。

因此,我一直想通过学习改变命运,所以在学习上一直没有让父母操过心。每日辛劳的父母也顾不上我们的学习,一切都是靠自己。记得我很小的时候,经常是父母已经钻被窝睡觉了,我还在旁边开着灯写作业,成绩一直名列前茅。

就当一切按部就班、顺风顺水地向前推进时,一场意外,让我的人生泛起了波澜。

记得高二那年的寒假,刚过完春节,我正在姐姐的单位玩耍,突然得知一个噩耗,爸爸在拜年回来的路上,摔倒在马路上,意外去世。

过了很久,我都不能相信这是真的,经常想着这是一场梦,醒来爸爸还在,可是……

一度,我都不想考大学了,想减轻妈妈的负担,但回想爸爸生前的期待,又给了自己坚持下去的勇气。记得爸爸和一帮同事喝酒时,经常听那些叔叔讲:"女孩子啊,学上得差不多就行了,长大了找个人嫁了就好。"爸爸却说:"男孩女孩都一样,有出息我就供。"就是这样一句话,一直激励着我。我就要证明给那些叔叔看——女孩子通过上学可以改变命运。

带着这份证明自己的决心,我如愿考上了理想的大学,成为一名理工女。从计算机专业毕业后,我分别在一家外企和一家互联网公司工作了14年,其中4年做销售,10年在企业做培训以及培训管理(销售和管理方向)。

目标、计划,让我的人生按部就班、一帆风顺。

计划去哪所学校上学、去什么样的企业工作,计划买车、买房,找什么样的老公结婚,生什么属相的孩子、几月生、生几个、生男生女,什么时候辞职创业,都是按计划完成的。

说到这,我想起来,在生老二时,剖腹产,就在打完麻药,我还清醒时,我还和主刀主任说,可否在几点几分把孩子剖出来呢?

当时主任就急了:"你有这个想法怎么不早说?你是在挑战我的技术啊,时间很紧张了,我只能尽力!"

但就在三年前,当我突然发现我的一切目标都已经实现时,自己却没有想象的那么开心、快乐,甚至还发现有不安全感,我不敢承认自己拥有了这些,很恐惧,怕失去。而且,我也不能放松下来,不敢停下来和家人很好地享受休闲时光,因为我觉得浪费时间。

做了10年培训,我懂了很多道理,知道要活在当下,享受当下,知道要学会放松,应该好好和家人享受生活,但是我做不到。作为一名资深培训师,为什么懂得这么多大道理,却还是过不好这一生?

被教练启发，活出生命的意义

带着思考，我开始接触教练课程。

我花掉全部的节假日，只为了上教练课。每周末在天津和北京之间奔波通勤，不到一年的时间，我就完成了全部 5 个模块的学习和认证。

多年的培训师经验，让我对教练中的流程和技巧非常熟悉，所以在训练初期，老师忍不住问，你真的是新生吗？但流程和技巧显然不是教练的全部，不同的老师一致反馈说，"你跟个案的能量连接不太好，更多的是头脑层面的提问"。

我有些摸不着头脑。

后来就有了文章开头的那一幕。

有一天，我刷直播，看到了胡萍校长，一个直觉告诉我——要靠近校长，于是我果断加入校长弟子班。加入当时，我真的不知道从中可以获得什么，而且费用不菲，但内心有个坚定的声音告诉我：去选择，没有错！

直到我来到第一次密训课上，我才确认这个凭直觉做出的决定，是对的。

我确定新商、辣辣、一念老师以及整个场域，就是我要找的！

在这个互联网时代，大多数人都用一个厚厚的保护壳把自己包裹起来，活成了虚假的工具人。而新商业女性的创始人王辣辣却在身体力行地带着大家做真实的自己。在这里，大家可以尽情袒露自己，而不被嘲笑或攻击。大家可以尽情地哭，尽情地笑，每个人都在被无条件地爱着、支持着！

无论外界声音如何，始终确认什么是自己想要的，哪些是需要断舍离的。

我可爱的孩子们，从以前躲妈妈躲得远远的，到现在一见到我，就会拉着我的手，扑到我怀里。

我以为永远和自己不同频的老公，也开始变得与我心有灵犀，并且开始主动给我的事业提供助力。

自己变了,外在一切都变了!

活出生命的意义,一切助力都会从四面八方扑面而来!

最后,我想分享两点给大家:

第一,找到自己的天赋、热爱的事业,因为那是你生命的意义!无须活给任何人看,无须为了证明自己而活!

第二,学会给予,去服务这个世界,放下期待,你所需要的一切都会自然而然地来到你的身边。

我愿意成为助力你活出真实自己,活出自己生命的意义,走上轻松、喜悦、自在、富足人生路上的一盏灯。在你需要的时候,照亮你。

暖风

"幸福玛雅"创始人
新商业女性未来生态CEO

扫码加好友

暖风 BESTdisc 行为特征分析报告
IS 型

新商业女性 New Business Women

报告日期：2022年02月25日
测评用时：06分51秒（建议用时：8分钟）

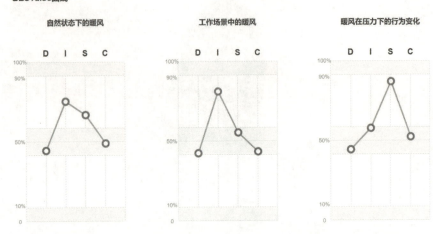

暖风的 I、S 特质让她健谈、友善，有影响力而且真诚可靠，因此，她能轻松和别人构筑融洽的关系，走进别人内心，并且收获尊敬和信任。这也是为什么她能很好胜任咨询师和相关的课程开发工作。因为这既是她的兴趣，也是她的天赋所在。

但她不低的 S 特质，让她有高度的同理心，从而形成了情绪负担——怕没有办法替别人解决问题。

同时，我们要看到她的 D、C 特质也都在平均线附近，说明她不缺乏坚强的意志和独立的精神，只要是她认定的有意义的事情，她一定会坚决完成。

让我们一起期待靠谱的她新开发出来的定制课程吧。

做独一无二的自己

那是一个温暖的傍晚,我像平时一样刷朋友圈,无意中进入了我一个学员的直播间,突然,我就像被雷击中了一般——她竟然在直播间里,讲述自己儿子跳楼的经过。

"如果孩子爸爸晚上去一分钟,孩子就跳下去了!我一把拉住孩子,抱着他,我俩坐在楼梯间号啕大哭。"直到现在,我脑海里还萦绕着学员当时说过的话,一字一句,让我心有余悸,很庆幸悲剧没有发生,孩子回来了!

为什么孩子要跳楼呢?带着这样的疑问,我在她的直播间里找到了答案,她说:"我压根就不知道,是我自己,把一个学霸儿子搞成了学渣儿子,更可笑的是,我还怪我儿子!我一直觉得我儿子嘴硬、不听话,太难管了。我让他做什么,他非要反着来,气得我都要爆炸了,我不知道,这是他独立自主、不断捍卫自己权益的本能反应。我每次都气不打一处来,不是骂他,就是打他,他越发叛逆,对学习也不感兴趣了……"

幸运的是,她后来接触到我的课程,开始重新审视儿子,努力控制自己的情绪,让他慢慢做回真实的自己,而不是她所期望的"别人"。一段时间后,儿子竟然主动跟她说,学习是一件很重要的事,他喜欢学习。

听到直播间学员讲自己的经历,我除了祝福她,也更加确定,去分享我的课程的决心!

曾经的我,就是一个学习了很多教育理念,却被各种不同教育理念带偏的人。每次看书时就觉得:对对对,讲得太好了!用到孩子身上的时候,却发现怎么也用不上,甚至有些教育理念还是相互冲突的,我到底该听谁的呢?

后来,我选择尊重孩子生来不同的现实。我有两个孩子:一个5岁,一个7岁;一个儿子,一个女儿。我对于他们的抚养方式是不同的,允许、支持和鼓励他们发挥自己的天赋。

所以,身边的朋友们会觉得我的孩子性格不同,但是,都能感觉到他们的自信、敞开、灵动,这就是我想要的,让孩子们活出自己喜欢的样子。

你想起你小时候那种天真烂漫、自信满满的场景了吗?我们曾经都是这样。只是,外界一点一点地给我们的天赋套上了枷锁,让我们动弹不得。如果说有一个机会,让你能快速地看到自己原本的天赋,你愿意吗?

我有一个客户,她愿意。她跟我说:"暖风,我太困惑了,我的好几个老师跟我说,我的定位太不精准了,一点都不专业。我挺受打击的,但是,我又忍不住,什么都想去学习。你能帮我看看吗?"

她是一位非常优秀的咨询师,我分析完她的天赋之后,笑了:原来她什么都想去学习,是因为她有个天赋就是"好奇、探索"。学习,让她能量满满;如果不让她去学习,就等于让她偃旗息鼓,整个人"没电"了。

所以,如何接纳自己的这个天赋,就很重要了。于是,我对她说:"亲爱的,其实呢,你这个定位是精准的,那就是帮助别人解决困扰和难题的咨询师。至于你学习的各种知识和理论流派,都是辅助的工具而已,你可以根据客户的情况,使用不同的工具去帮助别人解决问题。这反而是你最大的特色,那就是广而博,你的天赋不在于专、精、尖。"

当然,此处省略半个小时的咨询过程。挂完电话没多久,她就开心地说,自己有了付费的学员,特别激动。更让人开心的是,过了一段时间,因为她不断在朋友圈开心地展示自己,用她能量满满的状态,吸引到了一位付费3万元的客户——她的"广而博"的定位,让客户相信她能够帮助到自己。

自己确认了,自我认可了,内在的力量才会出来,迷茫、内耗就会通通远离,你就是自己的王!

曾经的我,就是确认了自己的天赋,才开始逐渐在这个行业里面越做越好。

三年多以前,我是一个非常普通的家庭主妇。跟这个社会已经脱节,在将近10年的时间里,几乎没有什么人脉,没有任何工作经验,那个时候的我非常地自卑,觉得跟别人没有办法去交流。

因为孩子的养育问题,我无意中进入一个宝妈群,看到大家在群里有说有笑,讨论各种各样的话题,悲剧的是,我几乎插不上嘴。

进入新的圈子,对我的刺激太大了。这个时候的我,就暗暗下了决心,我要摆脱家庭主妇的身份,去创造自己的价值!我在网络上找了很多课程学习,我想着如果有一技之长的话,我就可以做一些事情。

但是,学了很多,却一事无成。要么学着学着,就不感兴趣了;要么就是自己学不好。后来,我无意中,在朋友圈里面看到有一个天赋课程的推广,我一看,觉得挺有意思的,我想着我去学一下这个课程,看一下我自己适合什么样的工作,然后再去学习与掌握一技之长。

在学习的过程中,我对这个课程非常感兴趣,一学就学进去了,仿佛打开了新世界的大门。

仅仅学习了三个多星期,解读水平还不怎么样时,我就开开心心地去帮身边的朋友做解读。

那个时候,我的朋友圈里才有100多个人,大部分都是熟人。我非要给他们做解读,有好的反馈,也有一般的,更有不回复的,但这丝毫没有阻挡我继续解读的热情。

逐渐地,我的水平越来越高了之后,我就开始做收费解读,帮助别人解决事业选择方面的问题、家庭关系方面的问题等等。我很快就从一个0收入的家庭主妇,做到了月入过万,后来还出了自己的课程,有了自己的团队。

做了一段时间后,我遇到了障碍。我开始把别人的人生课题背负到自己身上,我会认为,如果来找我做咨询,就一定要解决他的问题,但是我没有意识到,如果对方不愿意改变,我再怎么努力也没有用。在那个时候,我感觉到了前所未有的压力。

我的信念受到了打击,因此,我选择做一个来钱更容易的事——文案变现导师。换行之后,我确实赚到比较多的钱,可是我不开心、不快乐,因为它不是我内心热爱的东西。

终于,我回来了!我将课程重新升级,仅仅用几个月的时间,就从2.0版本升级到3.0版本,一直到现在的8.0版本。我的合伙人们都惊叹于我课程升级的速度,每次她们重新学习课程,都能学到新的内容,而我自己也在不断成长。

这套课程,有我在商业变现领域摸爬滚打的经验。我独创了对比法、递进法,总结了很多关键词之间的逻辑关系,比如,以解决方案为导向,去梳理问题——为何没有发挥出原本有的天赋?

我们希望帮助大家更好地打造自己的IP,用自己的影响力,让别人看到自己的改变,从而吸引别人来了解我们的课程、学习我们的课程,从而实现自身的蜕变,找回自信。

我有个合伙人,她之前买过很多课程,投资了很多钱,却都没怎么变现,投资回报率非常低。

当她知道我招募合伙人的时候,很纠结,害怕又一次投资失败。

她说:"我一想到这个事情,我就忍不住流泪,我一直在跟自己做心理建设。我没上过大学,我可不可以把投资这件事情,看成是送我去上大学呢?所有的人才培养,不都是要交学费的吗?我自己培养自己,行不行?"

当她下定决心之后,开始来认真学习我们的课程,但这对于她来说,是很大的挑战。

我根据她的天赋,引导她自己找到解决方案,很快地,她成长起来了。她说:"我在朋友圈越来越有影响力,后来,竟然有人要当我的私教学员,我才发现,自己真的已经脱胎换骨了!"

她也从一个从前"掌心向上"的宝妈,做到了月入过万,减轻了自己家庭的经济压力。

这就是我做这份事业最开心的地方之一,它成为我源源不断的动力,让我灵感"爆棚"。这不,就在3天前,我睡到凌晨2点52分时突然醒了,脑袋里出现了一个念头,我想把我们的课程做成定制化的课程!

之前,我们的课程是需要学员完整、有体系地学习内容,这挡住了很多人想要来学习的步伐,因为有些学员压根就不关心跟他无关的内容,他只想知道如何解决自己的问题、如何发现自己的天赋!

第二天一大早,我迫不及待地把这个灵感告诉了我的团队成员,她们都"炸锅"了,她们中有人产生过这个想法,但不敢跟我说,因为这个工作量真的太大了!但是,我愿意!

因为,我深刻领悟到了新商业女性一直传递给我们的理念:我们的产品,要在我们的客户群里"生长"出来。我们要根据客户的需求去生产产品,而不是我有什么就卖什么。用一句话总结就是:客户需要什么,我就生产什么!

这一次,我终于从"知道"到了"做到"的阶段。目前,课程正在内测当中,我相信,当你通过这本书联系到我的时候,我专为客户定制的产品,已经打磨得越来越棒了!对此,我深信不疑!

我们就是自己的宝藏,我们向内探索自己,挖掘自己的天赋,就能做回闪闪发光的自己,我们都是独一无二的存在!

盖盖

粉豹星球新女性IP生态圈发起人&CEO

人格IP理念构建者

万物拆解"鬼才"

扫码加好友

盖盖 BESTdisc 行为特征分析报告
I型

新商业女性 New Business Women

报告日期：2022年04月08日
测评用时：12分51秒（建议用时：8分钟）

BESTdisc曲线

自然状态下的盖盖

工作场景中的盖盖

盖盖在压力下的行为变化

D-Dominance(掌控支配型)　　I-Influence(社交影响型)　　S-Steadiness(稳健支持型)　　C-Compliance(谨慎分析型)

    盖盖思想活跃，天马行空，而且注意力转换很快，善于在各种思维模式间转换，也很关照别人的想法，因此，她常常会热情地提建议，传递信息和想法。盖盖非常善于打开局面，然后再不断地调整，是个优秀的主动开拓者。

    盖盖会努力让别人觉得轻松自在，留下好印象，擅长说服别人。她能领会大家的意图，知道他们珍视什么、如何去激励他们，因此也知道要采取什么样的方式去渡过难关。

    工作时，她充满热忱，能灵活地调整步调，并且敏锐地察觉出挑战的不同并作出相应的改变。即使是以前从未做过的事情，她也非常愿意去冒险尝试。

我的成长故事

我想,如果要说我的人生有什么特别值得骄傲的地方,那就是我的每一天都在为更有意义而活着。

我在现实世界里是芸芸众生中的一员,没什么拿得出手的成就或者头衔,没有创造过很大的财富,但在我的精神世界里,我贯穿了从 147 亿年前到今天,再到未来的各个阶段,我几乎爱着世上的一切。万物都是我灵感的源泉,万物都是我人生的取材,万物都是我钻研的对象,万物都是我感受世间美好的通路。

我至今都还记得,在大学的一天下午,整个寝室的人都在午休,外面摇曳的树影映在了我书桌旁的柜板上,美好而静谧。我深深地记住了那个画面,心想着未来在哪一个作品里,要把那个画面融入进去。

还有在一个傍晚,宿舍楼门口普普通通的路上,有一些细细小小的石子,影子被拉得好长好长,空气里都是暖暖的橙红色的氛围,那一刻好美,好美。

有很多很多美好的画面,留在我脑海里,等待着合适的作品出现,让它们被更多的人看见,滋养更多人的灵魂。

几个月前,一个五百强公司的高管教练给我做了一个卡牌测试的游戏,我从几十张令人眼花缭乱的卡牌中,最终选出了如下三张。

她问我,为什么是这三张?

我沉浸进去,阐述着选择每一张的理由,很认真,也全然地投入。

良久,我说完了。她给了我反馈:"我发现你很多次提到'唯美',还有'自然',这对你来说,好像很重要。"

我也是第一次发现,我不自觉地认为这两者很重要。我想了一会儿,回答道:"是的。唯美对我来说很重要,我一直很享受世间的唯美。在我心中,一件事情是唯美的,一段感情是唯美的,甚至组织协作的画面都是唯美的,所有人的优势发挥、交织在一起,完成一个任何单独个人都无法完成的画面。"

是啊,在我心中,一个组织完成一个商业目标的过程,就像一首交响乐。有提琴,有管弦,有钢琴,每个人在各自的音轨上向前,同一时间里,有不同音色的糅合,却又互不干扰。每一件事情、每一个事物在我的脑海中都有立体的画面、交融的画面,但它不是一个呈现结果的画面,而是在过程中律动演变的画面。辣辣说我在意过程,不在意结果,我想,确实是的。

我是自由的灵魂，我会忘了结果，沉浸于每一个过程中，我突然发现，我没有让自己的人生受过一天委屈，我一直沉浸于每一段不同的旅途。这可能和我 16 岁时建立起的人生观有关。

高二那年，在一堂语文课上，我突然开始走神，思考人生的意义是什么？然后，我就在想，为什么幼儿园的小朋友总觉得上学很好；上小学的时候，觉得上了中学能和朋友出去玩多好；上中学的时候，觉得上大学就自由了；上大学的时候，觉得工作了，有自己的钱可以随意支配，多好；上班的大人觉得等孩子长大了，退休了，就轻松了。所以，我就在那个走神思考的课堂里得出了一个结论：人生就是在大苦中偷小乐。

30 岁以前，我不把自己放在有可能明确评估结果的角色里，譬如销售人员，我更喜欢自由自在地发挥、创造。

我在所有的创造过程里都会很投入，我可能做图做到凌晨两三点；写文案时，找资料找 6 个小时，沉迷其中；我可能沉浸在一个策划方案 PPT 的制作过程里，我会基于对客户的了解，加上客户的喜好、习惯，进入他们的世界，像坐一叶扁舟，顺流而下，从他们的世界中心路过，再一点一点地把那个世界变成作品，变成一页一页的 PPT，调动不同的感官方式，力求最大限度的触达。

我很容易沉浸于一个场景，忘了切换，直到有人打断为止。我如果不刻意控制自己，就会忘了时间，忘了空间，只有我和我想做的事。我会沉迷于工作里，也会沉迷于一群蚂蚁中，会在一本书里沉迷，也会在一个游戏里沉迷。我很少适可而止，我只能在"进入就沉迷"和"刻意不进入而忘记"这两者间选其一。

所以，我好像是一个和这个世界无关的人，在我的前 30 年里。

也并不是物质条件好到让我出世，不问柴米油盐贵，毕竟我从 22 岁开始，就全靠自己微薄的工资，生活在深圳这个寸土寸金的地方。

回想起来，在我每月只有 4000 元薪水的时候，每天会计划着过日子，每餐饭控制在 15 块钱以内，有一段时间是每天花 5 块钱买肉末，买点青菜，配白饭或挂面。尽管如此，我也没有向物质世界迈进过半步，我每天依旧沉浸于研究和创作。

我在除了感情以外的世界里,是观察者、探索者和研究者。万物为我所用,联结万物的思考,进入每一个人的身体,甚至是一只狗、一片树叶,感受它的世界,是我的生长方式。就连在看历史书籍的时候,我也代入了每个皇帝、每个臣子,看见在同一个时空下,每个人的平行世界。

于这个世界,我是抽离的。

第一次意识到这件事,是前年与一个北大汇丰的 MBA 老师聊天。他说,我讲我自己的事情时,像是在讲别人,讲一个与我无关的人。在做战略探讨的时候,他给在场的其他几个人提意见,我问道,我呢?他说,他跟每个人说的内容都等于跟我说。

当时,我只是有一点模糊的感觉,但在我去年走进人间后,我才发现原来大多数人都有自己的目标,有自己要去的地方,他们把更多的精力放在跟自己有关的、对自己有价值的信息上,而我总会接收全部的信息,去运算、研究,而没有我一定要去的地方。

我没有一定要走向的地方,我只想传递这个世界的样子,它自然而然的样子,它从 147 亿年前到今天,再到未来的样子。我想参与人类文明时代的更迭,无须引领,只是参与。

所以,在我遇到新商业女性的时候,我开始激动。我从一开始只是被挖来的高级"打工人",到共同创业,它是一个关乎人类未来的事业,足够复杂,点燃了我的激情。

王辣辣也是带我走进人间的人,去年从一个 10 万元的产品的创造开始,我第一次把自己的灵魂注入了一个产品,这是一件真正令人兴奋的事情。以前只能做一点内容的传递,但那一次我尝试到了将灵魂、思想、世界观注入一个作品,去影响更多人的感觉。我万万没想到,那会是我开始步入人间的时刻。

我开始从把人类作为探索对象,到走进一个个女孩的思想,感受到一群真实的人的幸福。从遗世独立,到和一群人建立亲密关系,我改变了很多。

现在,我将创造力变成离人很近的东西,赋能和影响着很多人,也让更多人的光芒散发出来，让更多人的创造力发挥出来。在做 IP 的路上，在一个无限可能的生态里，我结识了很多高手，每天过着身在路上、心很安定的生活。我感觉自己越来越帅，越来越厉害，越来越有能量，越来越能帮助更多的人，驾驭更大的事情。我每天都在飞速生长，又能享受生活本身，这是我非常享受的一种人生状态。

我想做商业是我最接近人间的旅途，它是我修炼自己的副本，是我灵魂积累的素材，但不是我的终点。它让我在离人最近的地方消除了很多恐惧，治愈了很多创伤，变得更独立、更勇敢、更自由。它让我成为一个无惧向前、心态平和、可以创造一切的我。

我的未来还有很多很多的可能性，也许做流浪歌手，也许做导演，也许做人类学家，也许做科研，也许做思想家。我依然是我，一个自由、沉浸、享受每一段人生旅程的追风少年。

第六章

亲密关系：
摆脱羁绊，找到幸福

亲密关系是指自己与父母、伴侣和孩子之间的关系。大部分人因为身在其中，被情绪掌控而无法很好地处理这些关系，更妄谈让亲密关系成为自己生活的动力和幸福的源泉。

事实上，一旦我们能做到自由、充分地表达自己内心的真实情感，幸福是水到渠成的事情，但这往往需要有意识的修炼和使用一些方法。

在本章中，三位作者各自讲述了和父母、伴侣、子女之间的亲密关系，他们将传授如何找到处理好亲密关系的法门。

效效本无意把文章重点放在她与爸爸的碰撞与和解上，她在分享自己逐步觉醒的过程，但是我们看到了亲密关系的重建和对她的推动力。和爸爸之间的关系，是她建立和世界之间关系的基准点。从屈从于爸爸的权威到和爸爸争吵、和解，再到彼此看见，最后到大胆地表达相互平等的爱，这让效效逐步看到自己的人格力量。

刘斯在和儿子相处时，回忆起爸爸对自己和弟弟的暴力教育，开始警醒。她努力寻找方法，去建立良好的亲子关系，不希望自己的噩梦在下一代身上出现。而在此过程中，她也逐步得出结论："被允许，才会真实表达。"

胡悦竭尽全力才完成亲密关系的修复，把破败不堪的婚姻挽救了过来，进入满心欢喜的状态。和先生舒服、自在的婚姻关系，也让她找到了自己的人生使命，"余生只做一件事，那就是：赋能女性成长，让1亿女性在婚姻中实现真正的自由、独立，拥有悦己、悦他和选择生活的能力"。

亲密关系的经营与维护，是几乎所有人都避不开的、要修炼的功课，然而又最容易被忽视、最让人感到束手无策。

无论如何，亲密关系对于我们中的大多数人而言，是通向幸福的必经之路。

效效

新商业女性社群生态联合发起人
湖南新商社群生态发起人

扫码加好友

效效 BESTdisc 行为特征分析报告
DCI 型

新商业女性 New Business Women

报告日期：2022年02月26日
测评用时：09分51秒（建议用时：8分钟）

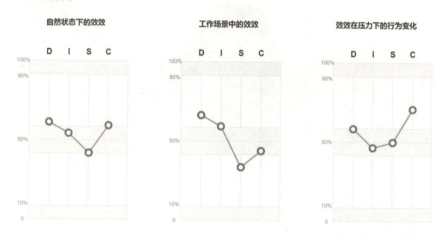

效效是一个热情、愉快、亲切、有说服力的姑娘。她的 D、I 特质让她充满自信，同时不低的 C 特质让她追求精确性，善于运用有逻辑性的分析和理性的推敲去反思和作决定。

她会驱动自己，迅速地作决定以达成目标。在人际交往中，她会大胆地提出想法，然而并不会强加意见给别人。

这个独立、活泼的姑娘，对自己的人格力量充满自信，她的影响力能让她凝聚一群小伙伴共同奋斗。一旦面对挑战和压力，她会把 C 特质调用出来，透彻地思考，并且仔细地制订计划。

对能坦然接受挑战和变化的效效来说，开展多样化的任务，并且与不同的人打交道，会让她更开心。

因为她们，爱上"破碎"后"重建"的自己

大家好，我是效效！

回想曾经，我使出浑身解数，想要去探寻自己的梦想、生命的意义和人生的价值。走过所有的十字路口，都未曾与人语，因为没有人懂自己，很孤独；也因为在那个当下，在所有人的共识里，这些都是诗和远方；或者在那个当下，凭有限的认知很难看见更大的世界；再或者在那个当下，大家对于女性经历严重家暴，对于重度抑郁症患者沉浸在阴暗世界里，对于社会弱势群体的救济已经麻木。我大概从大学期间开始，由于看见了汶川地震后重建的不易，看见了社会英雄的责任感，看见了人类面对大自然的脆弱，看见了有限生命的可贵，第一次有了想要去匡扶正义，想要去助力人类觉醒的侠肝义胆。那是当下迫切想让自己变得更有力量的一次探寻，也是内心第一次有了觉醒的意识。

说到觉醒，很多人还是会因为信息的闭塞和滞后，而缺乏更宏大的世界观，因为圈层的天花板而思维受局限，因为没有探索更多可能性的机会，也无法反观自己与他人的关系、与世界的关系，所以一直在自己的牢笼枷锁里徘徊。我也不例外，迷失自我才是最可怕的开始，因为会没有勇气、没有力量去处理好关系，但成长就是跌跌撞撞的，没有什么经验之谈，就是刚好遇见，恰好分享，你看见，对你有启发，就足够了。

我和爸爸之间的关系，是我生命中非常重要的课题。小时候，我们都惧怕爸爸，怕爸爸发脾气，怕爸爸和妈妈吵架，害怕因此自己没有人爱……还

怕什么,我也不知道。每次爸爸生气的时候,我们都顺着爸爸的心意,久而久之,爸爸便成了那个权威,谁也不会去挑战。我大学毕业之后,刚进入社会,对事业、对工作也正处于迷茫时期的我,最不爱听的就是指责。有一天,我和姐姐正好聊到一个我不会的话题,伴有一些争执,爸爸听到后,指着我后脑勺说道:"白读那么多书,白认识那么多字,怎么那么没有出息。"我那一刻特别能理解他望女成凤的心情,但是情绪无法压下去,所以反驳了回去。那一刻,弓着背的老父亲一脸诧异和不满,暴跳如雷。这是我第一次和爸爸正面冲突,幸好很快我们就互相道歉和好。这也是我们第一次学会了"看见"彼此,此后,我和爸爸之间的关系好像微妙了一点,经常打电话聊天。有时候,说好的电话没有打,他会打电话过来问:"昨天为啥没有打电话啊?"这种关系升温,持续到第二次和爸爸发生摩擦。在一次很小的交通事故中,因为在等待理赔判定,所以耽误了回家的时间,老头子自己一路寻到事故发生地,他脸都急红了,生怕我受伤。确认我没事以后,他开始如狂风暴雨般生气,边嚷着、喊着边回到家里,然后自己跑到房间睡觉,也不理人。当时,我觉得这个小老头挺可爱的,索性我就去房间哄哄,我对老父亲说,虽然小时候,他和妈妈总吵架,但是他们给我的爱是完整的。话音刚落,老父亲的眼角竟然开始落泪,我去给他抹眼泪,他抓住我的手,开始哭出声音,这是我第一次看见心中这个如钢铁般坚定且无比好面子的男人像个孩子一样。那一刻,我心中也是波澜起伏,这是和父亲之间的小秘密。看见他内心的孤独,看见他的不得已和委屈,也看见他柔情的爱,这种爱是相互平等的爱,是对自我与他人关系的认知升维。

我的人格力量不断积累,可是最开始,它是从哪里来的呢?

我第一次见到辣辣,是在长沙的一场商业课上,看见她自由通透的灵魂,听她述说着她的人生、想要追求的价值观,我心里默默想着,一定要认识这个女孩,一定要和她靠近。所以,只要有她出现的社群、有她出现的直播,我基本不会错过。在确认心中使命的那一刻,2019年,我裸辞回到湖南,开启全新的创业之路。那时候,我一往无前,一腔孤胆,也不曾去思考不同人格的差异性,只觉得每个人都可以建设一片自己的天地去影响更多人,只要想要，就可以实现。我吸引了一群愿意相信我的人，一年时间建设了本地城市站，建立了30多人的核心团队，并且有了较大的影响力。

2021年，我来到了辣辣身边，我们共同经历了组织的改革、业务模型的调整、用户分布式赋能、市场端系统的探索等等，做了5期的CEO密训、4期IP营。我穿越了很多的非舒适区，面对了很多的艰难处境，辣辣亦如此。在最艰难的时候，辣辣给了我巨大的力量。有一次，我们用一天时间，给80多位伙伴做了一定的分层梳理，也是第一次从市场端把组织攒到一起。吃饭的时候，辣辣哭着说："为什么这么难？这么多人这么可怜，她们完全不相信自己，活得太压抑了。"那一刻，我们十几个人也一起落着泪，一方面是悲悯被社会落后思想圈禁的女性，另一方面也心疼辣辣：她一个人走在最前面，最开始许下了这个想要真正赋能、陪伴女性成长的心愿，她一个人承受了我们都无法想象到的压力。同时，也为我们选择了一条困难但正确的路而落泪。那一刻，大家都和辣辣产生了共鸣。辣辣那种无论自己遇到什么困境，始终坚定地做对的事情、做对别人有帮助的事情，让我像照镜子一样，照见了自己人格力量的来源。

经历了一年的非舒适区的打磨，经历了各种琐碎事务，也直面了人性的善恶，终于在年底的时候，我也"破碎"了，对自己产生了极度的怀疑。我也像曾经的学员一样迷茫，不知道自己还能做什么，找不到自己的定位和价值，身边所有人给我的爱都被我忽视。这种自信的完全崩塌，让我不相信自己，也不相信任何人，完全把自己放在了孤岛上，但就算我缩成了一个刺猬，她们的爱和陪伴也都没有减少过，我想起了辣辣那一次的大哭，真的很治愈当时的我。我们本都是在动态发展中成长的，而所有的破碎和重组也都是阶段性的，只要足够真实地去面对自己，无论在哪个阶段，都能浴火重生。

我从一个非常普通的女孩，到今天和一群有梦想的女孩一起创业，一起共建新商业女性生态，并成为生态的核心建设者，成为IP领袖的领袖，成为IP领袖线的COO。我也是在不断和人的连结中照见自己，不断在帮助别人的过程中修炼自己，在一次次的"破碎"和"重建"后成为更好的自己，一次次在她们的爱和陪伴中生发出自己的人格力量。

刘斯

浙江省唯一正面管教三证导师
国家高级家庭教育指导师
国际认证鼓励咨询师
"爱要正确，才有价值"育儿理念传播者

扫码加好友

刘斯 BESTdisc 行为特征分析报告
SC 型

新商业女性 New Business Women

报告日期：2022年02月25日
测评用时：05分50秒（建议用时：8分钟）

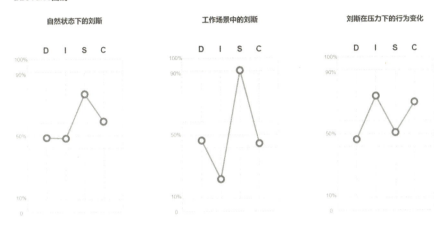

刘斯在平日里呈现出来的形象是有耐心、追究高品质、冷静且理性的。尽管她看上去并不那么热情，但其实对人与情绪的问题了然于胸。她细心周到，同时天性好奇、谨慎、擅长逻辑分析。她不热衷于社交，只要有可能，她会确保构筑一个和谐、融洽的氛围。

有时，在一群人当中，她鲜少发表意见，但这不意味着她不参与，而是更倾向于深思熟虑。

但在面对压力和挑战时，她的行事风格会有较大的调整。可能是因为授课和互动的需要，她会调动出"友善热忱"或者"敏锐"的一面。

回归到本质，她内心柔软，充满人性关怀。

第六章 亲密关系：摆脱羁绊，找到幸福

我们该如何找到幸福？

"幸福",很简单的两个字,但对于我们而言,却又是最难获得的东西。

十年的家庭教育之路,原来是一场寻找幸福的旅程,而这趟旅程的起点在 2013 年。

2013 年,创业——拥有自己的工作室,这本是感觉离我好遥远的事情,而在这一年,我成立了禾怡美家工作室。我不再需要去平衡工作和孩子的教育,只需要简简单单地陪伴,让孩子快乐地成长。

也许只有遇到挑战,才能让"美好"完整。在禾怡美家,孩子被允许做自己,变得更自律;孩子被"看见",变得更积极;孩子被接纳,变得更包容。而在他们自己家里,父母总是在评判与指责。父母看到的永远是孩子的短处,总是告诉孩子,如何去弥补自己的短板。每个孩子都是带着自己的天赋与使命来到这个世界上的,身为父母的我们,难道不应该帮助孩子去发现自己的天赋,发展自己的优势,完成自己的使命吗?

改变往往都是从一个决定开始的。我决定,禾怡美家的教育主体,应该转向父母。于是,我开始打造帮助父母成长的教育体系。

2016 年,已经是我推广正面管教的第三个年头,我开了近百场讲座和父母成长工作坊,帮助了近万人。很多父母找回了温馨、甜蜜的亲子关系,很多看似有"问题"的孩子,也找回了本属于他们的阳光。每每收到这样的反馈,我心里总是甜甜的,但也有父母反馈,会时不时地回到以前那种焦虑无助的状态。我清楚,我需要再一次面对挑战,再一次踏上寻找之旅。

韩寒曾说过:"听过很多道理,依然过不好这一生。"很多父母为了孩子,看了很多的育儿书,听了很多的育儿讲座,但是依然找不到亲子相处之道。带着这些疑问,我坐上前往美国的航班。这次我除了要完成导师认证考核,还希望能弄明白是什么在影响我们的家庭幸福,但遗憾的是,在我同正面管教创始人的学习交流中,我并没有找到"为了家庭幸福,我们应该做什么?"这个问题的答案。

也许是中西文化的差异,美国人无法理解我们三世同堂所带来的天伦之乐。也正因为如此,我们需要面对的是一个更为复杂的家庭系统。回国后,我继续查资料,拜访教育界的前辈。直到有一天,我看到这样的一句话:"家是我们的来处,也是我们的归宿。它是生活的避风港,也是我们奋斗的意义。"我突然明白,我要找的答案,一直藏在我们的家中。

你可能会这么想,做家庭教育的人,不会对自己孩子发脾气,但我会!一天早上,儿子早餐吃了半个小时,我温柔提醒后,他继续慢条斯理。没等我觉察,我的嘴巴已经开始像放连珠炮:

你能不能快一点,你想迟到吗?

你牙还没有刷?

出门前要准备什么?

面霜擦了没?

……

感受到了我的愤怒,儿子开始加快动作。

硬生生咬住嘴、心急如焚的我,脑海里正上演狂风暴雨:一点用都没有,每天磨磨叽叽的,都不知道在干什么……

送完儿子,我找个安静地方,整理刚才的情绪。脑海里浮现出童年的画面,从小目睹爷爷和爸爸的教育模式,习惯了语言暴力。

我10岁那年冬天,弟弟躺在我房间的地上,脸上充满绝望。

我无比心疼,对弟弟说:"你为什么躺在地上?太冷了。"

弟弟说:"我太痛苦了,我是不是很差劲?姐姐,我怎么还不死?我想死。"

心疼、害怕、担忧和无助,最后转化为指责:"你要乖一点才对,这样就不会被骂。"

弟弟没有回应,眼神空洞地看着天花板,仿佛死了一般,那年,他8岁。

为了家庭幸福,我们应该做什么?

从小,我特别害怕犯错。一次,我数学不及格,要家长签字。战战兢兢的我,拿着试卷走向父亲。

他看着我,面色温和,平静地说:"这次没考好,下次要努力,知道了吗?"

我如释重负,捣蒜般地点头:"知道了,知道了。"

那一刻,我很幸福,因为被理解、接纳、支持。

毕业后,我成为一名教师。初入职场,我陷入了深深的迷茫和压抑。班里有一个非常调皮的小男孩,叫黄建华。

早上进教室,孩子们说早上好,轮到他时,他说:"刘老师,生日快乐!"

连着好几天都是"生日快乐",我有些好奇,就问他:"别人都说,早上好,为什么你说,生日快乐?"

他仰着脑袋,用纯真的眼神望着我,说:"因为我生日那天最快乐,刘老师,你不开心,我祝你每一天都像我过生日那天那么开心。"

我猝不及防,眼泪滑落到腮边。那一刻,我很幸福,因为被理解、接纳、支持。

我们该如何找到幸福?

为什么我们会去评判孩子的行为?因为当我们还是孩子时,经常被自己的父母评判。为什么我们只会看到孩子的短板?因为当我们还是孩子时,我们的父母也只会看到我们的短板。我们今天对孩子所有的育儿行为,都是我们跟自己父母相处时的一种场景投射。我们跟原生家庭的关系,会投射到我们今天生活的每个场景里。也许当我们还是孩子的时候,我们的底层逻辑就已经被设置好了。

如果要真正帮助父母,只有重新构建父母的底层逻辑。这对当时的我来说,并不是一件容易的事情,它是从教育学到心理学的巨大跨界。经过两年的学习、研发,禾怡美家有了自己认知型的课程《内在小孩团体咨询》。

这一年,我们帮助了很多人,完成了他们生命中最重要的成长——与自己的内在父母达成和解。

我们不需要去怨恨自己的父母,他们并非不爱我们。他们在自己的认知范围内,给予了我们最好的爱——尽管有时这份爱,真的伤到了我们。也许我们想被父母"看见",可是时代要求他们必须忙于为我们创造更好的物质条件;也许我们想被父母允许,可是他们害怕我们的未来会像他们一样辛苦;也许我们想被父母接纳,可是又有谁去教会他们正确地爱自己的孩子呢?这当中,没有对与错,一切都是时代,塑造了今天的我们。

也许在人生中有所缺失,才能让我们去追求人生的圆满。无论在寻找幸福的道路上,结果如何,都要相信"我是值得被爱的"。

我们该如何找到幸福?不要着急,让我们先看一篇育儿日记《被允许,才会真实表达》。

在卫生间,我看到儿子时,他快速地把手藏在身后,袖子全湿,水滴在地板上。我温柔地看着儿子,说:"你有点害怕,因为你的袖子都湿了,你怕我责怪你。"

儿子:"是的,妈妈。"

我:"我发现这里有很多棉签?我很好奇,你在做什么?"

儿子:"我做的是幼儿园……"(顿时有点兴奋,兴致勃勃地讲了起来)

我:"哦,你玩得很开心?"

儿子:"是的,很开心。妈妈,你知道吗?我的袖子湿了,因为一根棉签掉进水里,然后我这样拿,就湿了。"(演示了一遍,没卷袖子,直接在台盆里捞棉签)

我:"看上去,袖子湿了,你也觉得没关系。"

儿子:"对,很好玩!"(我抱着儿子笑了)

儿子:"妈妈,你知道吗?一开始我只想拿一根棉签的,因为拿盒子中间一根,很多根很多根都出来了,没办法,那就多一点吧。"

我:"哇!谢谢你告诉我这些,不然,我都不知道。"(我内心大有感触——我以为孩子故意拿这么多,明明上次约定过只拿一根玩,真是可怕的偏见)

一直以来,无论在课堂上,还是在咨询中,我总会听到妈妈们的各种抱怨:有抱怨公婆的,有抱怨老公的,有抱怨孩子的,感觉她们的生活总是怨气丛生。而她们抱怨的背后,真实的期待又是什么呢?其实,她们要的东西很简单,只是想被看见、被理解、被支持。但接纳情绪,正是我们文化中缺失的部分,我们需要她们完成家庭中妻子与母亲的责任。尤其对于新时代的女性而言,有时她们还需要扮演职场中的角色,可是她们的情绪、感受只能由她们自己去消化,看不见的委屈最终变成了怨恨。这一切让我意识到,父母的成长之旅,不能仅仅依靠课程体系。

因此,我决定禾怡美家的价值输出,不再仅仅只有内容和课程,而要为妈妈群体搭建一个独立于职场环境与家庭环境、独属于女性的"第三空间"。幸运的是,这次探寻家庭幸福的旅程,我不再孤单,同行的有家庭教育的合伙人、有共同搭建"第三空间"的共创者。在这场令人向往的旅程中,我们有了"爱要正确,才有价值"的价值主张;我们确立了"帮助一亿孩子,获得父母更好的爱"的使命;我们把"所有人支持,所有人成长"刻在了骨子里。在这里,我们每个人享受这"被'看见'、被允许、被接纳"的成长氛围,而我也从成长的引领者,转变为成长的支持者。最终,我们用笑声与泪水,破除了我们认知上的禁锢,让生命焕发生机。

我是刘斯,一个来自农村的女孩、一个妻子、一个母亲、一个从事十年家庭教育的教育人。也许,我来到这个世界的使命,就是和你一起,寻找原本属于我们的幸福。

胡悦

婚姻重建私教
婚姻重建联盟发起人
知识IP全域商业私教

扫码加好友

胡悦 BESTdisc 行为特征分析报告　　新商业女性 New Business Women
IS 型

报告日期：2022年04月06日
测评用时：08分19秒（建议用时：8分钟）

BESTdisc曲线

自然状态下的胡悦

工作场景中的胡悦

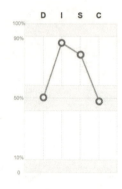

胡悦在压力下的行为变化

D-Dominance(掌控支配型)　　I-Influence(社交影响型)　　S-Steadiness(稳健支持型)　　C-Compliance(谨慎分析型)

　　天性友好、随和的胡悦有强烈的同理心，真挚地与别人同悲同喜，深受大家信赖。她通常会给人留下热情、善解人意的印象。无论是表达自己，还是倾听别人，她都能发挥善于表达的特长，把话说到人心坎里。和别的高 I 特质的人不一样的是，在通常情况下，胡悦相当细致周到，虽然这种周到不一定是以关注细节为导向的。她并不感情用事，在遇到改变时，希望运用自己的逻辑或价值观去询问原因，以及改变可能带来的结果。

　　当情况不确定时，胡悦尽管表现得相对轻松，但实际上她把压力都揽到自己身上。胡悦会留意别人的细微需求并尽量满足他们，对她来说，当这些付出不能引起注意/得到认可时，她的内心可能会感到受挫。换句话说，内心柔软并始终在温暖他人的她，也需要一些反馈和支持。

活出自己：新女性IP成长指南

亲密关系处理好了，所有关系也都好了！

大家好，我是胡悦。曾经的我，是一个非常自我、封闭、自卑、害怕冲突的人。

为什么呢？

我能回忆起来的童年画面就是：我一个人在房间里默默地写作业，一边思考，一边憧憬外面的世界，我对于未来有无限的向往，总幻想着有一天能挣脱现在的一切(邻里的家长里短、妈妈的约束、一眼看到头的生活)，去一个自由的世界，追求我想要的人生。

毕业后，我离开家乡(老子故里)，来到我在《读者》里憧憬已久的大深圳，计划着体验一段时间外面的世界，就回老家接受爸爸、哥哥的安排。

没想到的是，我实在太喜欢深圳这座城市啦！

果真，来了就是深圳人。

我感受到这个城市的包容、快节奏，充满了机会和挑战。在这里，只要你敢想，就没有什么不可以，而我这一待就是十几年。

记得我在深圳华强北应聘工作的时候，有一家企业的 CEO 问我："你为什么在没有任何经验的情况下，选择做业务？"我立马回答："因为我喜欢有挑战性的工作。"

几个月后的一天，我拿到了人生的第一桶金。那一刻，我对自己说："你从无到有地创造了属于自己的事业！你一直这样发展下去，你永远不会失败，你无所不能！"

突然，婚姻关系的崩溃，击碎了我的盲目自信。

那个时候，我开始怀疑自己——怀疑自己的选择，怀疑自己的能力，甚至怀疑很多人对我虚情假意。内在信念崩塌，我陷入迷茫与绝望，对未来完全没有了信心，对什么事情都提不起兴趣。我觉得自己很差，在家庭、事业两点一线的圈子里无休止地拉扯、内耗，陷入深渊，既走不出来，又退不回去，未来看不到任何希望，耗尽了我所有的元气。

为了改变这样的死循环，既然在思想上走不出去，我就试试在行动上走出去——走出去充电，走出去换个圈子！于是我开始踏入了人生自我觉醒的学习之旅，学习企业管理、心理学、家庭关系等，我就是想搞明白我的人生到底怎么了？我沉浸在学习里，像海绵一样吸收着。

回到家，我会把学习到的内容与先生分享，也会向他表达我的真实感受：我意识到的自身的机制模式，以及看到的自己曾经的认知盲区。

我每次满心欢喜地分享，换来的回应却是："你看，你学习后，终于知道自己错了吧！"

听到他说这样的话，我心如刀割，但是理性告诉我，我不能和他计较，做我自己该做的，允许他暂时攻击，接受自己过去无意识的代价。

接下来，继续各种学习。

先生在耳边说的话又很刺耳："你天天学学学，家也不要、公司也不管了是吗？好，那你就永远不要管了！"

理性又告诉我，我自己学习得还不够，我还不能去处理和面对他的攻击。好吧，我接受，于是我继续按照我自己的节奏学习。

学着、学着，我在课堂上看大家跨越自身障碍的速度都那么快，看看自己还差太远，还有很多东西要学习。我太渺小了，我快被知识淹没了！

突然有一天，我意识到：不对，我不能这么无休止地学习，我要去实践，在生活中实实在在地践行！很多教家庭关系的老师，他们自己的家庭关系也一般般，这更让我坚定了自己的想法，我一定要在生活中践行、学以致用。

从"知道"到"做到"，差距真的太大、太大了！无数次，我想要放弃，与自己的潜意识对抗，深度觉察，刻意练习，每一步、每一天，内心都波涛汹涌、翻江倒海无数次……

每次在即将放弃的那一刻,我总会想起爸爸的话:"凡事往好的想,总错不了。"于是,当痛苦来临的时候,我就告诉自己:"太好了,机会又来了!"

就这样,慢慢地,我和先生的关系越来越真实、轻松、自由。

他也真的开始理解我为什么这么做,理解了我默默的自我成长和修炼,也开始意识到他自身需要提升的地方。

我真是喜出望外!

我的先生无比倔强,我原来以为我要默默努力很久很久,他也不会看过来,但是,我依然要去做我该做的,我必须要面对。所以,我计划用3年的时间修复这段破败不堪的婚姻关系,但是没想到只用了6个月就成功了,我狠狠地给自己点了一个大大的赞!

我一下子轻松了很多,也感受到被他无条件地包容和支持。我深刻感受到了婚姻关系里的相互支持、共同成长,我真是太幸福了!

为什么我会坚持修复亲密关系呢?

因为我坚信,我和他之间有很多的误解。每个人都有原生家庭,所以很多人说的和内在想的不一样,内在信念和行为模式存在差异。彼此看到的都是自己潜意识接收到的,所以如果要在婚姻关系中真的做到觉察潜意识模式、转化信念、真实表达自己,是一定需要刻意练习的。

最爱我们的人,很可能伤害我们最深。在家庭里,我们会以"自己人"为由,产生很多期待,那就一定会面临诸多的失望。每个人内在的承受力到达一个极限值的时候,就会火山爆发。此时,就必须修复亲密关系。亲密关系处理好了,所有关系也都好了!

这个时候,我回看我走过来的这一路,曾经我以为,我只需要经济独立就可以了。我的亲身经历让我意识到:经济独立不代表人格独立!对于我们女性而言:经济、思想双独立,才会走向真正的自由。

和先生舒服、自在的婚姻关系,也让我找到了我的人生使命,我余生只做一件事,那就是:赋能女性成长,让1亿女性在婚姻中实现真正的自由、独立,拥有悦己、悦他和选择生活的能力。

现在,我先生与我一起走在这条路上,甚至他比我更想赋能更多的家庭,让婚姻关系和谐融洽。

他说:"曾经我认为,这辈子做的最错误的决定就是结婚,我从来没想过婚姻还可以这么幸福。"

我和先生一起,做了100多个公益咨询,支持、影响了500多个家庭,让亲密关系越来越轻松;影响了几千个女孩,让她们越来越自信。

疫情暴发时,我特别想做公益,当时参加了新商业女性的公益共学营,第一次感受到了社群的魅力,感受到了这群女孩的不一样。

我以赋能者的身份参与进来,后来,我发现我收获的东西早已经远远多于我给出去的,我感觉自己越来越离不开这群女孩。

我在社群里密集地做了100场线上分享,同时,我做了100场线下沙龙,把社群的爱、相互"看见"、相互守护、相互支持的文化,传播开来。

现在,我和创始团队一起,做全球线上、线下生态社群矩阵、沙龙矩阵、直播间矩阵、视频号矩阵等,支持了成千上万名女孩真正活出自己,拿回自己的人生主动权;鼓励她们真正成为领袖,并发挥自己的优势,做自己喜欢的事业,顺便又可以实现个人的商业价值;真正支持每位女孩思想、经济双独立,内在自由丰盛,外在商业显化。

这是我满心喜欢的状态!所以,我现在每天都觉得超级开心、幸福,因为我每天都活在自己的人生愿景里!

我愿景是:每个女孩都活出了自己的样子,在一片花海中翩翩起舞,自由自在地绽放!

我真正感受到每个人都那么真实,那么有力量,如辣辣一样,她们活出了真正的自己的样子,而不是他人所期待的样子!

第七章

家庭：共同守护的港湾

家庭对于女性,尤其中国女性而言,几乎是人生当中最宝贵的部分。可惜的是,很少有人受过系统训练,知道如何去经营家庭,只能凭着经验,结合一些关于亲密关系、情绪管理和心理疗愈等方面的零散知识而自行感悟和摸索。

但在新商的体系里,我们郑重地把"家庭"作为一门非常重要的必修课。"家庭"和"亲密关系"的区别就在于,"亲密关系"聚焦的是夫妻之间、亲子之间、手足之间的感情纽带,而"家庭"这门必修课则将家庭视为一个组织,研究它的结构、氛围和经营模式。

经营得好的家庭,能为我们带来温暖和安全感,是家人们共同守护的港湾,是每一日奋斗的起点与归途。

海青曾一下子经历离婚、离家、离职,在除夕夜无家可归,跌到人生谷底。她从自己的童年开始反思,找自己身上的原因。正因为这种勇气,让她为重新组建家庭做好充分的准备,从而收获了真正的家庭幸福。

彩芬的家人们世代生活在海南岛,从来没有想过出去看看外面的世界。当彩芬想走出去时,她的家人也是希望她能留在家里,然而,经过彩芬的正确示范和持续引导,她的大家庭选择了信任与陪伴。彩芬实现了自己的梦想——带上全家去看世界。

蚯蚓的成长源自于家庭的苦难。她的父亲突遭意外,卧病在床,为了治病,家里欠下两百万元的债务。她并没有被打倒,为了让父母也振作起来,她把家当成公司,一家三口都是合伙人,自己任 CEO,三人各司其职,争取三年扭亏为盈。经过共同努力,父亲有了康复的迹象,自己的事业逐步见好,日子越过越有盼头。

不一定为了家庭就要牺牲事业,相反,好的家庭会成就好的事业,好的事业也会为家庭的幸福美满添光增彩。要想两者互为助力,离不开我们自己的觉察、调整。

海青

保险代理人

RFC国际认证财务顾问师

新商业女性未来生态CEO

财富教练+直播+社群实操教练

扫码加好友

海青 BESTdisc 行为特征分析报告
IDC 型

新商业女性 New Business Women

报告日期：2022年02月25日
测评用时：09分04秒 (建议用时：8分钟)

BESTdisc曲线

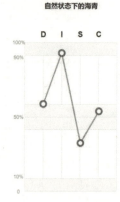
自然状态下的海青

工作场景中的海青

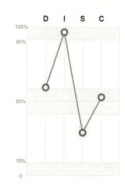
海青在压力下的行为变化

D-Dominance(掌控支配型)　　I-Influence(社交影响型)　　S-Steadiness(稳健支持型)　　C-Compliance(谨慎分析型)

　　"隐隐发光"这个词用来形容海青恰到好处。她身上有经过时光打磨后的自信、独立、从容和敏锐，缓缓散发着若隐若现的光芒。

　　高 I 特质和不低的 C 特质，会让她产生一定的矛盾性，用她文中的原话形容就是："我的个人特点是生活上依赖性特别强，思想上却特别独立。"但横冲直撞、遍体鳞伤后，经过思考和疗愈，这种矛盾得到化解，沉淀为智慧和内心的笃定。

此生，为追逐幸福而来

大家好呀，我是海青。我住在河北石家庄，今年42岁，狮子座，天生具有使命感。很多人以为海青是我的笔名，其实不是，这就是我身份证上的名字。我的朋友们更喜欢叫我"人间清醒姐"，为什么我早早地清醒了呢，这要从我最痛苦的人生经历开始说起。

2019年的除夕夜，我一个人走在空无一人的大街上，看着满街的灯火通明，看着万家团圆，我的内心却无比委屈和凄凉。

2018年，我经历了离婚、离家、离职，在一年之内，我成了"三无"女人。

我的童年

1980年，我出生在河北唐山的一个农村，父母那一代兄弟姐妹众多，爸爸妈妈又都是两边最小的孩子，所以，我在这个大家族里，也是最小的孩子，上边全是哥哥嫂子、姐姐姐夫，甚至侄子侄女都比我大很多。

我小的时候非常可爱，伶牙俐齿，用现在的一个词来形容就是有"社交牛逼症"。我的角色就是这个大家族里的一个小"团宠"，被家人捧在手心里。从小到大,家里有什么好吃的、好玩的,都会先留给我。我在家里几乎是衣来伸手、饭来张口,总是被照顾得很好。在20世纪80年代那个不太富裕的时代里,虽然物质匮乏,但是家里人给了我满满的爱。所以,我从小比较娇气,没有吃过苦、受过累,更没有受过什么委屈,生活自理能力比较差,在生活上很依赖别人。哪怕到今时今日,我在家人眼里也依然是小孩子——一个不会照顾自己的小孩子。这样的成长环境让我滋生出来强大的安全感,因此,不管到什么时候,我内心都一直坚信,我可以拥有爱,我也值得拥有爱,心安理得并理直气壮地享受着每一份爱。

既然不用干家务活,那么我的时间都用来做什么呢?看书。小时候,我非常喜欢看书,看各种各样的书籍。我从小就做着公主的梦,做着女强人的梦,做着幸福生活的梦。这就造就了我的个人特点:生活上依赖性特别强,思想上却特别独立。

高考的时候,我没有发挥好,没有考上理想的大学,家人希望我复读,但是我自己不同意,自作主张跑到石家庄上一个不太理想的学校。内心跃跃欲试地想像小燕子一样早点飞出父母的怀抱,对外面的世界和未来的人生充满好奇。

早期的生活环境对我的影响特别大,被保护得很好,没有受过一点伤害,并且被允许做自己,所以我在这个世界上没有遇到过坏人。我一直坚信这个世界的美好,一直确定自己来到这个世界上是为了体验幸福的。生活就应该是幸福的,难道不是吗?

我的青年

小时候的被宠爱和生活能力的不足,让我大学毕业后就早早地走进了婚姻生活。当时,我走进婚姻生活的理由就是不能没有人在身边照顾我,于是就懵懵懂懂地开始了任性的小女生和倔强的小男生的婚姻故事。

大家可想而知,肯定矛盾不断嘛。

我们并没有学会怎么和人相处,就开始了在一起的生活。各种冲突矛盾让我们彼此疲惫不堪,总是争吵,对孩子的伤害也特别大。

在无数个吵完架的深夜,我都在问自己:这样的生活真的就是我想要的吗?婚姻避免不了争吵和痛苦吗?人生的意义在哪里呢?因为孩子还小,只有7岁,我们彼此也还有一定的感情,所以也尝试着挽回过,但是努力了几次,还是以失败告终。在一次痛苦的争吵后,我们结束了这段不再有幸福感的婚姻。

2019年春节,前夫带着孩子回他老家过年了,我当时不敢告诉父母离婚的消息,不敢回老家过年,所以骗父母说我也回前夫家了。

除夕夜,我一个人在中山路上走了好几遍,心里痛苦极了。一个闺蜜的拜年电话,让我立刻破防,忍不住跟她说起我一个人在大街上游荡,她在电话里一下子就急了:婆家回不去,娘家又不敢回,这可怎么办?闺蜜让我去她家过年,可我并不想去。我当时就想在这种痛苦中沉浸着,或许痛到极致,就会有新的选择。

整个春节,我不断地自我思考和反省,未来何去何从。在最痛苦的时候,我做了一个人生最正确的选择:主动找婚姻咨询师,帮我做拆解和疗愈。在我们这个小地方,这样的选择在朋友看来简直不可理喻,说我乱花钱,做不靠谱的事儿。但是我内心非常清楚,一段婚姻的结束,一定有我的原因,但是我不知道自己究竟错在哪里。我必须要直面它。我必须要找到准确的原因,才会更好地应对未来的生活,才会有幸福的可能性。

在经过长达将近四个月的梳理和疗愈后,我清醒而深刻地认识到了我自己的问题,开始反省和自我觉察,才明白好的婚姻是需要经营的。

疗愈后的我,很快在2019年的春天,开始有了生机。不再自我折磨,不再内耗,朋友看见了一个对生活充满信心和期待的我。8月10日,我过生日那天,两个闺蜜和我一起庆祝的时候,看着我能从痛苦中走出来,再也不皱着眉,开心得都哭了。

是啊,在最痛苦的时候,我也从来没有给自己任何的束缚。很多姐妹都在有过一次痛苦的婚姻后,不再敢去尝试新的感情,而且总是说以后就自己一个人过了。这一点我从来没有过。我跟朋友总是说,一段痛苦婚姻的结束是因为我们要追求幸福的人生。过幸福的人生可以是自己一个人,也可以是两个人。我做好了足够的心理准备,只要目的地是幸福,我就可以随时再启程。我的人生,在幸福这件事上一定不会将就,因为我值得拥有幸福,我一定会更幸福!

我的中年

由于我对幸福积极追求,我的状态是闪闪发光的。在我40岁的时候,也就是2019年的9月份,我很快迎来了我生命中新的缘分,也就是我现在的老公。

当我们内心笃定的时候,老天也会帮忙。我和老公各有一个女儿,两个孩子在一个班级、一个宿舍,两人是小闺蜜。都生活在单亲家庭里的孩子可能分外亲吧,两人想做亲姐妹,于是就撮合我们在一起,给我们积极地制造在一起的机会,孩子成了我们的丘比特。

缘分来的时候无法阻挡,年龄、家庭、性格各个方面都非常适合,我们彼此情投意合,感觉前十几年的婚姻就是为了我们彼此的相守在做铺垫一样。我们一家四口开启了幸福的重组家庭的生活!

由于我在2020年转换赛道,从事保险行业以后,跟更多的女性朋友有了深入的交流。我发现了一个很大的问题,就是很多女人并没有她们表面看上去那么幸福。她们被各种关系内耗着,痛苦不堪,有的是老公长期出轨,由于自己没有收入,也不敢离婚。离婚是法律赋予每个已婚女人的权利,但并不是每个已婚女人都有这个能力。我感受到她们的焦虑和痛苦,十分着急和心疼,想着怎么能帮助她们走出情绪的困境,也想过要不要找一些心理咨询师做一些沙龙。就当我有这个想法的时候,我的贵人出现了。我在视频号里认识了南京的谢菁姐姐,她把我带到了新商业女性这个广阔的有爱的世界里。

我本意是为了帮助他人而来,却没想到受益最大的是我自己。我完全被新商的生态滋养,改变了性格上的急躁,变得柔软,开始学会了接纳。

在新商业女性的帮助下,我有了自己的"向日葵"女性成长创业社群,吸引和帮助了更多的姐妹走上自我成长、追求幸福的道路。

人生有很多种选择,最大的清醒就是永远不放弃自己,不放弃追求幸福。我们每个人都值得拥有最好的自己、最好的婚姻和最好的人生!

我此生为追求幸福而来,我愿意活出自我、照亮他人!

彩芬

新商业女性未来生态CEO
女性成长IP教练
"热带雨林"女性社群主理人

扫码加好友

彩芬 BESTdisc 行为特征分析报告
IDC 型

新商业女性 New Business Women

报告日期：2022年02月25日
测评用时：04分02秒（建议用时：8分钟）

BESTdisc曲线

自然状态下的彩芬

工作场景中的彩芬

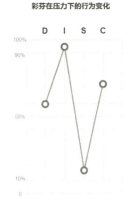

彩芬在压力下的行为变化

D-Dominance(掌控支配型)　　I-Influence(社交影响型)　　S-Steadiness(稳健支持型)　　C-Compliance(谨慎分析型)

　　这是一个"不安分"的年轻人，对世界充满好奇。热忱（高 I 特质、低 S 特质）是她的主要个性特征，这意味着她活泼又外向，精力充沛，兴趣广泛。

　　但她的 D 特质和 C 特质也不低，坦率果断，有驱动力和主动开拓能力，不怕处理繁杂的事务。因此，她乐于且善于组织聚会，和一大群人一起玩。她热情的天性加上灵活婉转的沟通方式，通常能够使别人放开自己。

　　当环境轻松时，她会既友善活泼，又积极开放；但当环境严肃时，她也能既直接坚定，又自制、有主见。

　　这种鲜明的个人风格，如果找到合适的事业方向，将能成为极大的推动力。

90后女孩带全家人玩遍世界

带上全家去看世界

"世界那么大,我想去看看。"这句话曾经广为流传。我要与家人一起去看世界,有了家人的陪伴,旅行才更有意义。

我曾听过"上有天堂,下有苏杭",马上要到春节了,我萌生了带着全家人去旅行的想法。父母看到我一个人在省外玩这么多天也花费不多,再加上不放心我一个人到处疯,就心动了。考虑到外公、外婆年岁渐长,小舅、小舅妈和弟弟则都没出过海南,刚好一起去看看不一样的天空。于是乎,玩转世界的勇气,从一次全家人的旅行开始。

一番沟通之后,我们开启了一家11个人的苏杭之旅,"粉墙黛瓦""杨柳垂岸""枕河人家",美不胜收。酒窖、糟坊、木雕馆、染布坊等分布其中,还有那酥松、脆糯的姑嫂饼和拳船表演以及皮影戏、花鼓戏,无一不在传递千年小镇深厚的文化底蕴。

从大年初一到大年初六,我们感受到了苏杭浓浓的年味,长街宴、拜年神、拜年队伍、舞狮、写春联、打年糕、烧头香等——登场,我们见证了一个传统古朴、热闹欢腾的中国年。

我要走出海岛

我是彩芬,一个 1994 年出生的热爱旅游的海南妹子,一个向往自由的新手妈妈,一个不断自我探索、用天赋与热情实现自我价值的新商业女性。

我从小生活在祖国的最南端,一个四面环海的地方。我是一个独生女,父母对我非常宠爱,不愿让我离开身边。而我从小就热切地向往着外面的世界,期待着自由、充满无限可能的未来。

上大学的时候,我本来有机会离开海南,然而,父母却不同意我出岛。

父母的这个决定,一度让我很伤心。我第一次有了很强的反抗心理,摔门而出,说:"我不想上学了,我要出去打工!"

我第一次出去打工,外婆很担心,老爸说,没事的,她干不了多久的。就因为老爸这句话,第一次打工,我干了整整一个月。在打工时,我遇到了很好的领导,她跟我说,她很后悔自己没读书,鼓励我干完暑假就回去上学,所以假期过后,我就重新踏上了求学之旅。

在大学期间,我很喜欢参加各种社团活动,我加入了一个叫作"漫步天涯"的徒步协会。第一次徒步,报名的人很多,有 80 多个人。刚开始,大家相互之间完全陌生,一天下来走了 25 公里,就彼此熟悉了。也是因为加入这个社团,我开始爱上了旅游,想去看看外面的世界。

出岛的心一直蠢蠢欲动,我开始了兼职打工的生活,做餐厅服务员、摆地摊、做快递扫描员等。大一那年,我用一个月的时间拿到了驾照,开始慢慢酝酿出岛的计划。

穷旅很精彩

我特别喜欢一句话,"身体和灵魂,必须有一个在路上"。旅行的意义,或许不在于你看了多少风景,而在于你开阔的视野和包容万象的心胸。这些年不断在路上的经历,使我能更快地接受新鲜事物,以及持续地自我学习。

我在大二开始了旅行,行走了 22 天,走了 6 个省份,花了 5200 元,我形成了一套自己独有的穷旅方案。

在旅行中,我还收获了爱情。我的老公是我的高中同学,在学校期间,仅仅只是前后桌的关系。大学期间,我们都爱上了旅行,经常会在旅行的路上相遇。当时,我们并不在同一个城市,我在三亚,他在广州,但基本上每一次他都会和我去同一个城市。大一的第一次出行,我选择了去长沙,他也来到长沙。我每次去哪个城市,他也会去那个城市,就这样一路相伴。结婚的时候,刚好是我们认识的第十年。很幸运,结婚的当天正好是跨年,又是老公的生日,于是我们拥有了一个特别有意义的婚礼 + 跨年夜 + 生日宴。我们走过了一段从校服到婚纱的日子,还穿着校服结婚,我们拥有简简单单的幸福。

百场沙龙再次拓圈

大三的时候,我马上面临着实习,眼前最重要的就是面试。我当时听到很多学长、学姐说,找工作不容易。

我自己盘算了下,马上要毕业了,好像表达能力不是很好,怎么办?于是在大三的暑假,我去保险公司实习。

通过保险业务员的工作,我学习了很多新的知识,还通过销售来提升了自己的沟通能力和语言表达能力。三个月后,我转正了,成为公司最年轻的骨干力量,后来还晋升业务经理,带一个90后组成的团队。

就在这时候,我偶然间在微博上看到了行动派的消息,简直打开了新世界的大门。原来这些女孩这么美好,还可以有这种活法,太值得期待了。

第一次参加沙龙活动,我看到了一群热爱生活的女孩,是那么的闪闪发光。

随后,我开始学习行动派的课程,自己也组织线下的沙龙活动,负责从整体策划到线下的执行。源于行动派的影响,我慢慢关注女性成长与创业。我开始思考,是否也能在海南落地一场好玩的沙龙,第一期的主题是"花5200元走了6个省",结果吸引了52个人来参加,这一次沙龙让我信心倍增。

后来,通过不断地坚持,我有了自己"铁三角"的伙伴,做了百场沙龙,影响力渐显。一开始是自己分享,后来举办主题沙龙"今日你主讲",让更多人可以上台表现自己。

疫情下的新变化

疫情来临,线下沙龙暂停。出于对新鲜事物的敏感,我发现微信有一个视频号的功能,就开始探索。出岛参加广州与深圳两场关于视频号的大会,又是一次破圈机会,让我印象最深刻的是"你做与不做,都要读懂未来十年的网络语言",最好的时代已经来临,如果不了解年轻人的生活习惯、价值观,那么自己就要落后了。

我第一次去酒吧,不是喝酒,不是蹦迪,是去开视频号峰会。我也很幸运,在学习了一个月之后,我拿到了视频号的认证。

2021年,我实现了从小岛走出去、全国各地都有好朋友的目标。我的愿望是每年去一个地方旅行,探访当地的好朋友。

2022年,我期待我们每个人都能活成心中有爱、眼里有光的女孩!

蚯蚓

十五年跨界90后持续创业者
五百万私域操盘手
孵化女性社群主1000多名
5000多名女性成长社群群主

扫码加好友

蚯蚓 **BESTdisc** 行为特征分析报告	新商业女性 New Business Women
SID 型	报告日期：2022年02月25日 测评用时：29分03秒（建议用时：8分钟）

BESTdisc曲线

自然状态下的蚯蚓

工作场景中的蚯蚓

蚯蚓在压力下的行为变化

D-Dominance(掌控支配型)　　I-Influence(社交影响型)　　S-Steadiness(稳健支持型)　　C-Compliance(谨慎分析型)

在 DISC 理论中，D 代表事业，I 代表爱情，S 代表家庭，C 代表思想。蚯蚓的个性中有非常突出的 S 特质，体现在她对家庭的负责任和温情脉脉上。

但和其他 S 特质偏高的女生不一样的是，蚯蚓的 D、I 特质也不低。她的主动性更强，坦率、果断、有驱动力去完成有挑战性的任务，同时不乏灵活性，是相当有感染力的姑娘。

她像是天生的领袖，能引导别人接受自己的思考方式，可以建立起组织，朝正确的方向前进。她非常积极活跃，喜欢主动与别人交往，喜欢变化，接受挑战。她喜欢分享，通常不会把自己的意见强加给别人。

蚯蚓正用宽容轻松的态度和一群她喜爱的家人、朋友，走向美好的未来。

我与爸妈合伙开公司

我叫蚯蚓,可以自己生长的"蚯蚓",出生在一个四面环山的中越边境小城——广西凭祥。那里自古就是重要的边贸口岸,特别是改革开放以来,肩扛着大包小包货物的人们熙熙攘攘,整日穿行于浦寨、弄尧、弄怀等大小口岸,散发着浓厚的商贸气氛。我自幼耳濡目染,从16岁开始,就尝试着独立创业。

我最初是弄一些有凭祥特色的产品——从东南亚进口的小零食,卖给同学,赚点零花钱。上大一的时候,我开起淘宝店,并在我就读的大学外面摆地摊卖货,卖G7咖啡、波罗蜜、泰国和越南的泡面等很多大学生钟爱的零食。我一边经营自己的小摊,一边招募经常来买零食的大学生作为代理,批发东南亚零食等商品给他们,鼓励他们创业,先后发展了一百多个大学生代理。经过一年多的努力,我幸运地踩中了淘宝的风口,赚到了我人生中的第一桶金。

上大三的时候,我有机会去泰国做交换生,但如果去泰国,我的网店就要被迫关闭。老师和同学们都觉得可惜,可我并不这么想。因为当时,我选修了商业课,意识到自己做的其实就是一个赚贸易差价的生意,随着互联网上的价格越来越透明,赚价格差的生意肯定会越来越难做。我问自己,五年、十年之后,是不是还想做这件事?最后说服自己,要去看外面更大的世界,去尝试更多的可能性,所以,我选择了去泰国。在那里,我发现了很多非常棒的手工艺品。留学归国后,我在南宁精选了一个有几十年历史的文化园区,在里面开了一家东南亚手工艺品店。在经营过程中,我又遇到了几个思想"同频"的伙伴，便又开了一家设计公司，希望把东南亚的艺术品、手工艺品和设计搭配起来，扮靓更多的寻常百姓家。

我最喜欢的事情就是：坐在一张两米大茶桌边，在金黄的落日余晖里，吹着晚风，倾听每一位茶友讲述他们的动人故事，想象故事里那些自己想去的他乡。但慢慢地，我发现自动上门到店消费的街客越来越少，很多来到店里的新用户都来自于线上各种平台。与此同时，实体店的房租、水电、人工等成本也越来越高，快触及实体店增长的天花板。雷军说过，"站在风口上，猪都可以飞起来。"我禁不住反思：线下再怎么努力，相对线上只能算收效甚微。自己的确在创业的路上走了很多的弯路，需要寻找重回线上创业的良方。2018年年底，我在朋友圈看到一位好姐妹去上个人IP课，当时就被照片中那群女生的灿烂笑容深深吸引，很想和她们待在一起。后来才知道，那位好姐妹加入的组织叫社群，2019年3月改称为新商业女性。我了解到，社群就是一群志同道合的人拥有一个共同的使命，聚在一起去实现。我毅然决然地买了999元的门票，参加新商业女性社群。我在群里看到了很多我不曾接触过的信息、不曾接触到的圈层。我也是第一次知道，原来进群的门票也是商品。我意识到，我和她们之间存在着非常大的认知差、信息差和圈层差。

过去，我一直不知道，自己创业为什么会选择开私房菜馆、咖啡厅、家具店，我以为我喜欢的是那个赛道，后来才发现，其实我喜欢的是可以通过这些方式遇到那些我想要结识的人。我选择的创业方式代表着自己的生活态度，想找到同样能欣赏这些生活方式的人，但是成本很高；而在线上，仅仅通过一个社群，就能够让我用很低的成本接触到许多优秀、有趣的人。我也意识到，社群一定会是下一个时代的趋势。因为过去，日益丰富的物质已极大地满足了人们的需求。接下来，有形的物质已经不是最重要的东西，更重要的是人和人之间的爱和连结。以前是先找产品，再找用户；未来一定是先有用户，产品不用担心，因为任何交易的基础都是信任，有了信任，可以做任何事。

在新商业女性群里，有几个广西的小姐妹，我们举办了一场沙龙，邀请十几个伙伴来感受社群的魅力。大家对此都非常感兴趣,都很想把这种正能量带给身边更多的人。第一次沙龙结束半个月后,我们就在广西南宁举办了新商业女性社群的第一次线下全国峰会,在隆冬12月竟然来了200多人。我们的社群创始人王辣辣很支持我们,带着她的故事和几个自媒体大咖来到了现场,让所有人大开眼界。峰会结束后,有30多个伙伴想要加入我们。就这样,我们收获了第一批珍贵的种子用户,还有了第一笔门票收入。那天,辣辣对我说:蚯蚓,其实你还可以去做更有想象力的事情。虽然那时,我们社群什么都没有,只有一个群,但是在那天,我在心底种下一颗种子,立志要去做赋能女性成长的事业。

从那时起,我计划要在2019年年底,逐渐关掉我所有的实体店。最终,在2019年的最后一个星期,我关掉了最后三家实体店。一个星期之后,新冠肺炎疫情暴发了,很多人都说我的运气好。我说,这不是运气,是主动改变。人的改变无非分为两种:一种是主动改变,一种是被动改变。这次我选择把主动权掌握在自己的手中,主动改变。

2019年春节前,也是在我成为社群合伙人后不久,我们要在阿里巴巴举办第一次线下创业营。我创业了这么多年,却没有真正学过如何创业。就在我满怀期待,刚买了机票,憧憬着要开启全新人生的那个晚上,我突然接到了那个电话,也是改变了我一生的电话!

"快回来,你爸爸快不行了!"妈妈焦灼的声音从电话那头传来。

爸爸因为想自己翻新老家的房子,在爬楼梯时,不慎脖子朝地摔了下来。救护车的声音回荡着,连夜送爸爸来南宁,当时爸爸生死未卜,妈妈让我先赶去医院等着。

当救护车打开门,我看到爸爸像个没有生气的娃娃一样躺着,妈妈在一边泣不成声。我第一次感到对未来的深深恐惧,在20多岁的人生中,我曾预想过很多事,唯独没有预想过飞来横祸。爸爸就是我心中的那片天,而那天晚上,那片天塌了!这简直是晴天霹雳!我还没有来得及沉浸在悲伤中,第二天就被医院的账单"敲醒"。医生说,病人是严重的脊髓损伤,生命没有危险,但这辈子可能再也起不来了。接下来要做的手术要花几十万,术后还得长期康复。同时,我从妈妈那里得知,家里还有一百多万的债务要还。望着妈妈有些佝偻的背影,我意识到,在这个关键时刻,家里的重担需要有人去扛起来,那个人应该是我,也必须是我!

爸爸做完手术的那一天,离杭州阿里巴巴创业营的开课还有三天时间。我想,不管是谁,家里人发生这样大的事,都不会离开家人吧。原本我也是这样想的,这时候又是一个电话,改变了我的选择,影响了我接下来的人生。

"十年之后,你想要给爸爸妈妈什么样的生活?"这句话就像一道惊雷,震醒了我!

当我想要放弃出去学习的时候,接到社群里金大大的电话,她是从阿里巴巴走出来的一名优秀的创业者。我向她说明家里的情况,也坦承自己需要承担巨大的财务压力。金大大只问我一句话:"如果不出来学习,不改变自己,在那里陪伴爸爸,你现在可以承担起家里的债务吗?"我回答说不行,但是我爸爸这时的确非常需要我。她说:"你不能光考虑现在,更要考虑接下来马上要支付的账单怎么还,以及一年、两年、甚至五年、十年之后,你想要给爸爸妈妈什么样的生活?如果现在的你不改变,身边也没有人能帮你,就更应该走出去,更快去提升自己的能力,才能够改变你现在的处境。"

后来,我如约来到了杭州阿里巴巴总部的学习创业营。很庆幸,我在那里见到了非常多优秀的企业家和社群伙伴,还遇到了非常重要的贵人——我们社群的投资人之一——胡萍校长,她是一名知名企业家、深圳市人大代表。在课堂上,她注意到我的状况很不好。在休息时,她特地询问了我的情况。我说了诸多遇到的困扰:怎么承担起家里的债务?怎么平衡好照顾爸爸和规划自己人生的关系?……胡萍校长给了我新的思路,她说如果把每个家庭都比作一家公司,以前,我们的家庭公司的CEO是爸爸,当爸爸摔跤后,就像这家公司没有了CEO,大家肯定会慌张。想要改变这个局面,就要有新的CEO。而我,能不能来扮演这个新的角色呢?我一下子茅塞顿开——我既然能自己创业,在家里也一样可以把CEO这个角色扮演好。那天以后,我就把我家当成了一个公司来看待:我和爸爸、妈妈是3个合伙人,现在这个公司可能亏损了200万,我需要做一个计划,在两到三年的时间里把它扭亏为盈。

回到南宁,我把这个计划告诉妈妈。我们3个公司合伙人,爸爸的主要工作就是要好好地康复、积极地锻炼;妈妈的工作就是全力以赴地照顾好爸爸;我的工作就是要去赚钱。每个月,我会让妈妈休息几天,也算是给妈妈放假,由我来陪伴爸爸。每逢五一、国庆、春节,我会带他们出去旅游。

我把两三年的时间作了拆分:第一年的前半年,我只能负担家里30%左右的债务;第一年的后半年,我会负担40%到50%。以此类推,慢慢地每半年负担增加10%～20%,一起去偿还这些债务。在告知妈妈这个计划后,我看到妈妈从明显的慌乱转变为开始对生活有了信心。她的眼神告诉我,她愿意相信我。

自那天起,只要社群有学习,不管在哪里,我都会到场。新商业女性群是把我们当 CEO 来培养的,终身陪伴,我也想以最快的速度提升自己。学习的课程包含了女性成长所需要的方方面面,如学习如何运营社群,学习做自媒体,学习做 IP,学习商业思维,学习心力课等等。

加入社群的这三年多,也是我人生中成长、进步最快的时期。2020 年年初,新冠肺炎疫情暴发后,我们社群发起了全国性的活动——公益共学营。当时,很多各行各业的大咖都愿意来帮助更多的女性从受挫的线下实体行业转型到线上。用三个月的时间,我找到了上百个群主一起来参加这个活动,也找到了第一批想要和我一起线上创业的核心社群主。从 2021 年起,通过做视频号直播,更多优秀的女性加入了社群,我也没想到,自己通过社群找到了 70 多个优秀的核心合伙人,影响辐射了几万人,成为女性成长社群主和女性 IP 意见领袖。

现在很多人都想做 IP,但是又不敢做,因为觉得自己没有什么专长。其实,最吸引人的不是专业 IP,而是人格 IP。很多人靠近我,不是因为我是什么行业的专家,也不是因为我是什么富二代、高学历人才,可能就是因为我代表了普通人,可能就是因为我来自于一个四五线的城市,但是我一直在努力去探索外面精彩的世界。只要敢想敢做,其实每个人都可以找到更好的自己,每个人都可以吸引到跟你"同频"的那群人。凯文·凯利说过,"一个人只要有 1000 个粉丝,就可以衣食无忧。"花三年时光,我也有幸见证了新商业女性从一个 500 人的群到今天有 40 多万付费会员的成长历程。

  不久前,我在武汉出差时,接到妈妈的电话,说爸爸今天已经可以不用护具、第一次自己站一两分钟了。那一刹那,我才意识到,自己好像可以喘口气了。天知道,这三年多的时光,爸爸从只能躺着,到后面能坐着,再到能用护具练习站着,最后到可以自己站一两分钟,吃了多少苦!

  这几年,我不能时时陪伴在父母身边,父母也很辛苦,承受了很大的压力,但他们从来没有对我提出过什么要求,给了我可以安心工作的最大支持。每次过年、过节,也成了父母最期待的日子,因为,这个时间段成了我们家雷打不动、一起去旅行的时光:我们一起爬上了广西最高的山峰,去过大海边,还一起自驾到了云南丽江玉龙雪山脚下。爸爸坐着轮椅,一路上受到了很多人的照顾。现在,他也开始成为朋友圈的 IP 意见领袖,让很多人知道,原来残障人士也可以拥有多姿多彩的生活。

  很多人问我,你在自己家庭还有这么大困难的情况下,为什么想要去帮助别人?因为我知道,如果只凭我当下的力量,是没有办法去解决现在的家庭困难的。明天和意外,永远不知道谁会先来。困难也是解决不完的,不能只看着眼前的这个困难。未雨绸缪,学习很重要,成长也很重要。我们现在的每一天,都不是只为了今天而活。我做女性成长事业的时候,就是希望更多的女性能在任何时候,当意外来临时,能够泰然处之,不再是一个人去面对,而是会有一群人、一个圈子、一个生态去支持她。因为一个人走得快,一群人才走得远。我相信,当我能够帮助很多人,能够解决他们的问题的时候,我自己的问题也就不再是问题了。

第八章

职场：会拼才会赢

新商体系中的"商业关系"版块包括职场、创业和资源。

女性在职场中打拼殊为不易,同时也有一些独特的女性优势值得关注,它们是善良、坚韧和包容。

"善良"的职场优势,由朱怡洁来讲述。因为正是"善良",让她获得老板的信任,也获得同事,包括下属的支持,让她的职场生涯没有尔虞我诈,只有正能量的不断循环。

"坚韧"是雪冰的职场特质。看似柔弱的她,却一次次带领团队迎难而上,无论是遇上火灾,还是疫情,她从不怨天尤人,而是想尽办法去攻坚克难。驻守在钻石行业,她从未想过退缩。这种韧性是女性独有的温柔力量。

"包容"是指女性在面对偏见和责难时,在面对自己的个人得失时,有着从容、淡然的心态。像艳华那样,当她下决心放弃体面的工作而选择保险业时,当她下决心放弃高薪而选择带团队时,当她直面疫情中团队成员流失的困境时,她的包容心态让她能始终保持冷静。包容不仅仅指胸怀的博大,更指面对困境时,我们的弹性和可延展性。

朱怡洁

江苏奋斗服饰有限公司联合创始人

团体服装定制专家

新商业女性未来生态CEO

徐州女企业家商会会员

扫码加好友

朱怡洁 BESTdisc 行为特征分析报告
IS 型

新商业女性 New Business Women

报告日期：2022年02月25日
测评用时：10分45秒（建议用时：8分钟）

BESTdisc曲线

自然状态下的朱怡洁

工作场景中的朱怡洁

朱怡洁在压力下的行为变化

D-Dominance(掌控支配型)　　I-Influence(社交影响型)　　S-Steadiness(稳健支持型)　　C-Compliance(谨慎分析型)

  高 I、S 特质的朱怡洁很喜欢与人打交道，天生充满善意，只要大家开心，她就开心。她不会在意物质层面的东西，但是很在意大家的感受。比起"钱"，她更希望收获"爱"。

  朱怡洁想表达的"善良"和纯 S 特质的人的"善良"是不一样的。他们都愿意奉献和牺牲，但前者带有高 I 特质对美好、快乐的期许，希望"我们都是相亲相爱的一家人"；后者则更被动地选择包容和温暖地接纳。

关于善良的那些事

嗨,此刻正奋斗在城市里的朋友,你好呀!想问一下你,当你看到"善良"这个词的时候,你会想到些什么呢?在你的世界里,善良是什么呢?可能很多人会觉得"善良"这个词其实并不友好,好像他就是那个傻傻的被毒蛇咬死的农夫,正所谓"好人短命";也可能很多人觉得"善良"代表着软弱和被欺负,正所谓"人善被人欺"。但是,我想跟大家说,如今我所拥有的这一切,全都是因为善良而得来的,而我的善良要归功于我的奶奶!

我的奶奶,她真的是一个超级善良的人。我记得我们村有一对老人,每次不管他们有没有需要,奶奶总是派我跑去帮忙照顾他们,不求回报。每次家里做好吃的,她总让我拿一些去送给他们。村里哪家如果有什么困难,奶奶会默默地给他们提供帮助,还不准我们对外声张。邻居家小孩的父母常常不在家,他就总来我们家吃饭和玩耍,仿佛他就是奶奶的亲孙子!而她当初善良对待的这些村里人,哪怕我们家迁走之后,都依然特别友善,经常送些吃的、喝的过来,找我们聊天,帮我们干活。奶奶的善良和回报是我童年里的美好回忆,也是我对善良的第一个印象,更是我一直以来很热爱生活的原动力,给了我很大的前进力量,所以,在以后的很多年里,我都主动去做一个善良的人!

记得我在大二刚创业的时候,还只是一个兼职的小店员。即使当时的兼职工资只有四元一小时,我也总是积极去做一些力所能及的分外事,比如担心客户被雨淋湿或不方便,就自己打雨伞到很远的地方给客户送衣服;比如每天把店里出租过的脏衣服拿回宿舍清洗干净,再带回店里;比如经常准备一些好吃的放在店里,给其他店员和客户吃;把一个客户相处成了朋友,在她有需要的时候,即使加班到大半夜下班,也陪着她深夜轧马路,不求回报……而就是因为这些善良的小举动,换来了两个创始人师兄的照顾和关爱!每次回老家,他们都会开车送我去车站;周末出去勤工俭学,他们也开车接送。记得有一次,我刚毕业那会儿,有一天下大雨,我住在出租屋里,只有一条薄被子。我发了条抱怨天气冷的朋友圈,然后大师兄就和他老婆直接把他们结婚的新被子送到我的出租屋里,让我特别感动,所以我们坚定地选择一直在一起,共同创业,成就了现在的事业。

创业九年以来,我时时刻刻都觉得幸福和快乐,这是用金钱无法换来的美好!记得有人经常问我:"是什么力量让你一直坚持在这个公司干?"我说:"我很感恩这份因为我的善良而获得的事业,我从来不是坚持,而是一直在享受这份事业所带来的喜悦。"

我们的创业项目一直以来带领的都是大学生创业团队。在一年一年的团队招募中,和很多学弟学妹都相处出了如兄弟姐妹般的情分。在每一位学弟学妹加入团队的时候,我都愿意把他们当成亲弟弟和亲妹妹照顾。当他们在学习或者生活中遇到困难或者需要帮助的时候,我会陪伴和支持他们。都不记得我们有多少次经常一起加班到十二点以后;经常一起看书、学习和交流;我也像我师兄一样,接送他们去车站;在每一年的中秋节、冬至等日子,总是在我家里做饭、聚餐;当他们对选择专业或者就业方向感到迷茫时,及时指导,让他们做出对自己人生负责的选择!

仔细想来,我更愿意把在自己事业中遇见的每一个伙伴都当成兄弟姐妹,而不是同事和客户,而这种态度也获得了他们反馈回来的深情厚谊。

有一个学妹把我写进了她毕业论文的序里,感恩与我的相遇,帮助她收获了充实精彩的大学生活,并且在毕业的时候找到了理想的工作。而我也很荣幸可以被当成知心姐姐,在他们人生当中最重要的大学时光里,陪伴他们成长。一路走来,我看到很多的学弟学妹对自我的认识不全,也对未来充满迷茫,浪费了很多宝贵的大学时光,所以我希望可以通过自己的大学成长经验和在创业过程中的所见所闻来帮助大学生们好好学习、努力精进。

善良真的很好，可以给我们带来很多美好，但其实有时候，也会让我们受尽委屈。

我记得在我妈妈和我婆婆之间，发生过一次小冲突，让我委屈坏了。那个时候，我刚结婚不久，婆婆身体不好，去医院做了个小手术。一般来说，我爸妈需要到医院表示一下心意，但婆婆说只是个小手术而已，不用惊动我爸妈了，我就没有多说。但我爸妈从别的地方听说了这件事，就打电话质问我："你婆婆做手术了，怎么不和我们说一声呢？嫁出去了，就不和我们说事了？不懂事呢！"我说："我婆婆不让我说的，既然你们知道了，我就告诉你们医院地址，可以去医院看一下。"当时我想着，反正离得近，父母想看就去看吧，多走动也挺好的，但后来，婆婆打电话质问我："你怎么把我做手术的事告诉你爸妈了？麻烦他们跑一趟来看我。"当时，听完这句话，我真的是委屈极了——明明我都是为了双方好，怎么到头来，两边都得不到好？我一下子就委屈地哭了，但后来，老公对我说的一句话安抚了我，他说："你不用哭啦！你的本意本身就是为了双方好，他们双方也都是为了彼此好，所以没有对错，只是他们的表达没有考虑到你而已。"听完我立马释怀——本身善良就是一种选择，我们每个人的出发点都是为了对方好，这不就是幸福吗？所以我也常常和身边的小伙伴说："幸福很简单，而做一个善良的人，是一件很幸福、很美好的事。"

不过有的时候，善良确实需要带一些锋芒，不然真的就会变成那个被毒蛇咬死的农夫。我记得，有一天中午，我刚吃完午饭，和几个小伙伴在一起回公司的途中，看到一个老大爷坐在地上，我立刻要上前去搀扶，但同事担心会被讹钱，我便看了一下四周没有行人，大中午的太阳也毒，我就和同事说："那你用手机录个视频吧，这样也有证据。"果然，我把老大爷扶起来之后，不知道从哪里走过来一对夫妻，说老大爷是他们的爸爸，然后把老大爷接走了。其实想来还是有点后怕，但如果还发生同样的事，我依然愿意去做同样的事情，因为真的是"只要人人都献出一点爱，世界将变成美好的人间"。

关于"善良",我杂七杂八地说了自己人生一路走来的一些最重要的感悟。善良不是人类的天性,而是一种主动的选择。

最后,我想告诉自己:"坚持做一个善良的人,哪怕从身边的小事做起,哪怕只是不随意乱丢垃圾、让个座、礼让行人……生活本身很美好,而这份美好的幸福需要我们每一个人共同去创造。"

以后的每一天,我依然选择带着身边的人去做善良的事,这是我奶奶引领我刻在骨子里的品格。我相信这个世界上每一个人都是善良、美好的存在。人生最重要的莫过于富足、喜悦地过完一生,而生命从来都是可贵而短暂的,如果我可以用善良去帮助更多的大学生,用我的生命去影响身边的人做些善良而美好的事,那将是我往后余生最幸福的活法!

雪冰

20年珠宝从业人员

比利时钻石高阶层议会（HRD）钻石鉴定师

健康营养师

扫码加好友

雪冰 BESTdisc 行为特征分析报告
SCD 型

新商业女性 New Business Women

报告日期：2022年02月25日
测评用时：06分52秒（建议用时：8分钟）

BESTdisc曲线

自然状态下的雪冰

工作场景中的雪冰

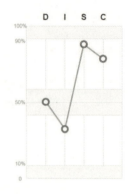

雪冰在压力下的行为变化

D-Dominance(掌控支配型)　　I-Influence(社交影响型)　　S-Steadiness(稳健支持型)　　C-Compliance(谨慎分析型)

　　雪冰韧性十足。她是一个表面看上去友善耐心、有点柔弱的女孩子，但遇到事情，她不低的D、C特质会跳出来去直面挑战。她在"人"和"事"之间，能很好地保持平衡，既能照顾他人的感受，又能紧盯事情的结果。在日常管理中，她并不会显得太强势，而以亲和力去凝聚团队，体现出S特质的一面，但这并不意味着她不关注绩效。相反，她对工作的要求并不低。她的社交风格不倾向于热情似火，但会让你产生自然舒适的亲近感，能敏锐察觉自己带给别人的感受。雪冰有团队和合作精神，对所负责的工作表现出高度的责任心和忠诚度，因此能很好地凝聚团队一起拼事业。

活出自己：新女性IP成长指南

我的成长小故事

嗨！我是雪冰，一个看上去十分柔弱的小女子。

我生长在一个普普通通的家庭中，父母都是普普通通的工人，从小就被安排得很好，上学、工作、结婚、生子……可偏偏自己总有一种不妥协、喜欢折腾的劲头。小的时候，我发现自己到哪里都不爱说话，安静内向。在进入珠宝行业之前，我没有想过我会从事销售工作，更没想过，我有一天会做管理、带团队！回头去看，我每一步都走得既在意料之外，又在情理之中，因为我有一颗倔强的心，从不服输！

误入

2009年正是互联网蓬勃发展之初，我陪同朋友去面试一家年轻的互联网钻石公司——钻石小鸟，却意外地被公司挑中。实属意外，看似俗套的剧情却真实地发生了。我还没回过神来，当天就拿到了工装和offer。当然，对于女生而言，新型的互联网销售模式以及每天可以近距离地接触大钻石的工作，还是非常有吸引力的。但是，事实并不是我想象的那样美好。刚进入公司第一周,我就被安排去了上海总公司,每天跟着领导开例会,双休日去上海旗舰店支援做销售。公司在迅速崛起,不断变革创新,我完全来不及反应,只能一路追着公司跑!

同时我也发现,在追着公司奔跑的同时,我个人的职业生涯也一路飙升,从管理南京团队,到管理区域团队,再到市场营销,一路"打怪升级"。

在钻石小鸟的这些年里,我实现了我人生的很多个第一次:第一次和公司的小伙伴一起主持公司的年会、第一次拿到了钻石行业的专业鉴定师的资质证书,2018年还获得了公司商学院的挂牌讲师证书。

写字楼遭遇大火

我常常听人说,人生就像是心电图一样,是跌宕起伏的。有谁能想到因物业管理的失误,酿成一场大火,火势迅速从9楼蔓延到20楼,而我们公司所在的12楼也没幸免。

当时,我们的钻石已经全部收入了保险柜,正准备换衣服下班,遇到突发的火情,大家倒是没慌,迅速撤离现场。整栋楼也很快被消防控制戒严,无法进入。我站在大楼外面,与一批看热闹的人观察火情,心里七上八下,忐忑不安。

第二天一早,我希望回工作室看看情况,才知道整栋楼不知道什么时候解禁,我很发愁,店铺没了,员工怎么安顿?作为写字楼的业主,我如何谈判索赔?脑子里一团乱麻!

接下来的每一步都走得很艰难,我从来没有想过,一夜间,店没了,生意怎么做?怎么跟来取订单的客户交代?外界怎么传我司品牌?在5月这个旺季如何跟竞品竞争?我真的很害怕,前面的路在哪?不知道!

慌乱过后,我冷静下来。首先考虑的是联系临时办公点,要就近;要安全(我们卖的是珠宝);要气派,只能选择星级酒店;还要考虑员工的心情,激励员工在特殊的困境中努力地去做销售,防止因业绩不好造成员工的流失;还要联系肇事方,谈判、取证、索赔、装修。我一点一点地努力把每一件事都做好,所有的事情都是我没有经历过的,完全靠自己不断去琢磨,走一步看三步,一点一点摸索。

我们临时租了酒店的长包房,约客人上门,全靠微信指引。每一个客户都需要员工下楼"接头","接头"特征就是我们拎着"钻石小鸟"的粉色袋子。客人一到,所有闲杂人等均躲到洗手间,只留一两个人接待客户。我们还笑称,如果客人借上洗手间怎么办?客人无法上门的,我们安排员工上门送货。我们到客人的工作地点交易、跟客人约在肯德基交易、蹲在星巴克里交易……然而令人惊喜的是,当月的销售目标超额完成,所有的辛苦都没有白费!

我想起"躬身入局"这个词,对,把自己变成解决问题的变量,在解决问题的同时,能力自然提升,也给伙伴带来了信心和希望。

疫情来了,商业模式停摆

2019年,全国市场环境发生了变化,很多企业都感觉吃力,但又有一句话在网络上传播:"2019年是未来十年中最好的一年!"果然,2020年伊始,疫情来了,中国商业最黄金的销售期——春节,眼睁睁地错过了!一天两天还处于迷糊当中,时间一长,所有人都待不住了,商业停摆,就意味着资金链断裂,企业陷入困境,员工何去何从?之前遭遇大火的经验告诉我——不能停,要想方法!

我召开线上会议,和大家一起找突破口:拉社群,做营销。

我在2月14日建了会员群,进行线上秒杀活动。由最开始的1个群,发展成4个群,半个月的线上成交单数为49单,销售额26万元。这一令人惊喜的数据,让我们看到了线上渠道的魅力,我们欣喜若狂,整合、复盘,继续创新,找寻方向。接下来的3月成交47笔,销售额32万元。4月成交25笔,销售额37万元。我们获得了阶段性的胜利。

然而,市场大环境也因为疫情不断变化。后疫情时代来了,我们和很多同行一样,遇到了发展瓶颈。

时代已经发生了变化,消费群体也发生了变化。这个时代的人,更加在乎自己的感受,更小资、更理性,追求颜值,对消费品的选择不再只看品牌,而是更关注内容、情感和实用性。赛道显然已经在改变,我们的营销打法也需要改变,如果还采用原来擅长的市场营销方式,将无法再在市场上发出响亮的声音。

随之而来的是私域的崛起,个人一样可以拥有品牌和IP!不管是自己,还是用户,我们要以人为本,用内容打造属于自己的标签。

我学习社群商业思维模式,通过社群去打造自己的一片天地。社群私域的底层逻辑是连结与爱,我的思维模式也发生了变化,让自己拥有更多的可能性。

对自己未来的设想

我一直以来都在钻石珠宝行业里深耕,获得了一些成绩,但是一场疫情,让我发现自己的认知太过于单一,一旦企业出现问题,就意味着自己在这个企业或行业的努力就此付诸东流。唯有持续地向内求索,挑战自我,不断更新扩容,才能高效应对这个变化莫测的时代。

人生最没有意义的命题,是失去后才追悔莫及;人生最大的骗局,是亡羊补牢,犹未迟也。

未来,我将继续从事自己擅长的珠宝行业,做有温度的珠宝首饰。我还会关注大健康产业,因为所有人都需要健康的身体。关注每一个人,从内心发射能量,让闪闪发光的钻石温暖人心。愿我和我的小伙伴一起拥有幸福人生!

艳华

专业家庭财务规划师

新商业女性未来生态CEO

财富教练+直播+社群实操教练

扫码加好友

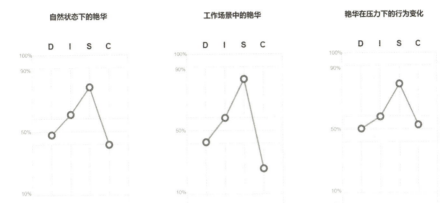

开朗、热情的艳华,总能给周围的人带来积极向上的能量。在高S、I特质的主导下,她非常希望能带给大家快乐。D特质在中线附近,意味着她并不缺乏行动力,不会抛开结果,只谈感受。为了和谐的工作氛围,有时候她会放弃一些对细节的计较。

艳华更喜欢在没什么压力的情境下,与相熟的人打交道。如果可以选择,她倾向于为别人提供实际的服务,而不是对别人提出要求。

总的说来,艳华更关注人、热爱人,希望"我为人人,人人为我"。目前看来,她也的确启动了这样一个正能量的循环,身处幸福圈当中。

隐形的翅膀

每个人都可以爆发出超乎自己想象的能量,那是因为每个人都有一双隐形的翅膀,带着我们超越自我、抵达梦想。

一个大学教师的困境

毕业后,按照一个师范生正常的节奏,我当了一名日语教师。从一个校园穿梭到另一个校园,内心纯净,生活节奏缓慢。然而,悠闲了一些日子后,没有归属感的我越来越迫切地希望拥有属于自己的房子,再不用考虑房租、合租环境、个人安全隐私等等问题。我常常想,什么时候才能买上房子,真正在济南扎根。

细算下经济账,我发现做一名日语教师并不富裕,即使还在外面授课、做兼职等,所有的收入加起来也不过7000元左右。

当时,济南的房价在七八千的样子,按照这个节奏,我想在省城济南买房、成家和生娃,过上理想的生活,光靠这点收入只能望洋兴叹。于是,我尝试着找其他工作,可以跨行,只要跨度不太大。

偶然的机会,我看到了平安的招聘广告:"年薪十万不是梦。"其中,有一个招聘岗位是"培训讲师"。于是,我递交了面试申请书。面试的时候,接待我的小姑娘穿着合体的职业装,优雅美丽,让我一下子就对这个并不了解的公司产生了兴趣。很顺利,我入职了平安。2009年9月1日,一次不经意甚至看起来幼稚的选择,改变了我的命运。

我养你,你就是不能做保险!

对于我放弃大学日语教师这样一个外人看起来十分体面的工作,家人非常反对,尤其是我哥,他跟我说:"你回来,我养你,但就是不能做保险!"在他们看来,卖保险不应该是我这样的高才生去做的工作,因为有没有文化的人都可以做。但事实上,保险行业的发展速度之快,超乎人们的想象。我们部门90%的人都是与我差不多大的大学生,我们跟着保险行业、跟着平安快速发展的步伐,努力成长,也收获颇丰。

入职6个月,我凭优秀的业绩顺利地进入了"新人小高峰"。荣誉和收入让我信心倍增,一直努力地做好各项客户服务工作、扎实地学习专业知识。

2012年,在我与先生的共同努力下,我们买了房子、车子,终于,我们在省城扎根了!

选择,需要勇气,而成绩,全部来源于自己的努力。

成就自己，还是成就团队？

慢慢地，随着业绩的越来越好，我受到了部门领导的关注。他们找我谈话，告诉我，光凭自己拼业绩是有天花板的。如果带团队发展，短期可能会减少收入，但有更广阔的发展前景。于是，我坚定地选择了晋升，把主要精力用在带团队上。

选择，如果没有付诸行动，那就相当于做白日梦。我的个性就是，要么不选择，要么选择了就要坚决做到。于是，我想尽办法，做各种形式的招聘，很快晋升，并且得到了去平安大学学习的奖章。

我很幸运，在每个关键点上，我都能斩钉截铁地做出选择，包括挑选职业、走入婚姻、生娃。

在我成长的道路上，我的爱人亦师亦友地陪伴着我，给予我生活上的照顾和事业上的辅助。我有了两个可爱的宝贝，他们是那么乖巧、聪慧、努力与可爱。很多时候，我都幸福得忘乎所以。

更令我幸福的是我的团队，我的伙伴们对我不离不弃，我们有一个朴素的共同愿望：一起赚钱，共同成长。我们一起学习，一起服务客户，一起做活动……不是亲人，胜似亲人。

说要养我的哥哥病倒了！

如果人生能一帆风顺，那么，我也许不会如此坚定地热爱着我的事业。

突如其来地，长兄如父的哥哥病倒了。重症监护室的费用高得吓人，庆幸的是我早就给哥哥买了医疗险与百万医疗险,住院费用在保险赔偿金的缓冲下,家庭并没有受到重创。

我更深刻地理解了保险的功能与意义,更确信自己的职业是有大爱的职业,我想用更好、更多的方式去认识、服务更多的人。但是,疫情的冲击,让各个行业陷入低迷的状态,很多客户不敢拿出太多的资金,去保障未来,生怕资金链断裂,连眼前的关都过不了。在这个时候,我就想,怎么用更好的方式去走大爱的路。

偶然的机会,我遇到了新商

我是一个做事情特别专心、目标感特别强的人,看到目前保险业很多伙伴蜷缩在自己的舒适区里,不愿走出来,我特别着急!他们内心其实是渴望改变的,却没有人帮他们一把,所以开始迷茫,甚至入司十多年的伙伴都选择遗憾离开,我很难过……这时候,因为菁姐,我遇见了新商,了解了新商的使命、愿景和价值观:赋能女性崛起,成为最有价值的女性教育品牌,独立大爱,互助包容;拥抱变化,快速迭代!这些太符合我的使命和价值观了!我加盟保险业的使命就是:为保险而生,为我身边的每个家庭做好家庭资产规划,保住他们的生命尊严,保住他们的财富!赋能所有的保险人,一起不忘初心,守护美好!

展望未来,作为行走保险江湖12年的保险从业人,我特别开心能够加入新商,和菁姐一起赋能整个保险行业,打造有价值的保险商学院和新商保险供应链,做保险行业的指明灯!

我是艳华,很高兴认识你,希望能为你服务!

第九章

创业：用女性力量打造新商业形态

相关数据显示，女性占据全球消费总支出的70%，"她经济"时代的到来，让大家看到了女性力量的崛起。互联网＋背景下的女性，拥有前所未有的机遇，但同样，女性在商业中也面临着更多的挑战，情绪内耗、外耗以及身心无法获得回馈，她们在成长的过程中，需要借助更多的榜样力量来重塑思想和调节情绪，因此，新商业女性应运而生。

在"商业关系"的内容版块中，创业无疑是被谈论得最多的。如何用女性力量打造新商业形态，成就新商业女性，也是我们讨论最多的话题。

新商业女性从社群切入，通过提供线上和线下的优质内容，打造女性商业品牌，并且提供投资与孵化服务，建立女性社群生态的闭环。

本章以"创业"为主题，我们探讨在传统行业中的新商业形态，看看朱静（家装行业）、文利（美容行业）和嘴嘴（培训行业）如何把自己的梦想与新商业形态进行结合。

特别提醒大家留意的是，朱静总是在不断迭代、拥抱变化，她尝试用分布式业态去打造一个行业新平台，而文利同样提到分布式的新行业形态，这里面涉及区块链的概念，看她如何通过"链"把一个个节点的资源和能力连接成网，去承接未来。这个概念背后有复杂的理论体系，这里很难用三言两语说清楚，但在新商的教育体系里，这属于基础内容之一。

嘴嘴说："在自己的私域生态中，我持续给很多伙伴做了公益陪伴和赋能。凭借着良好的口碑以及在新商业女性生态力量的支持下，在2021年9月，我将手册做成了文创产品。通过社群行动营，在短时间内就将手册销售一空。"这背后涉及新商业女性的生态中独有的几个模块——公益、社群、创造营……

商业生态是非常复杂的体系，本书只能浮光掠影地体现出几个侧面，就像海面泛起的粼粼波光，这不能不说是一种遗憾。

朱静

京陵家创会发起人
南京京陵软装COO
全国家装人生态社群"心链静距离"主理人
新女性IP生态圈生态营销总监

扫码加好友

朱静 BESTdisc 行为特征分析报告
CD 型

新商业女性 New Business Women

报告日期：2022年02月25日
测评用时：07分01秒（建议用时：8分钟）

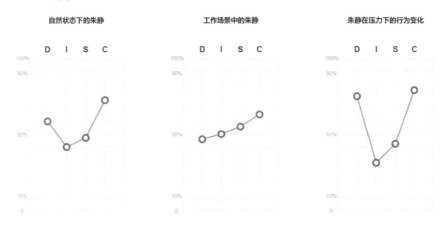

朱静自信、坦率、果断而有魄力，但并不一意孤行。D、I、S、C 四种特质都能随时调动，内驱力强且冷静、沉着。

对人，既不缺乏善解人意的一面，能以团队大局为重，又能随时调动自己的影响力；对事，能迎难而上，啃硬骨头，攻破难关。

她最擅长对情况进行客观分析，其精辟的总结能够帮助团队找出复杂问题的核心所在。

尤其当面对压力和挑战时，她会表现得像一个领袖，深入思考、探寻问题的本质，更重要的是——愿意承担责任，带领众人往前冲。

创造传统家装业的新商业形态

曾经有位家装从业人士问一位大师:"我今年纯利润200万,怎样才能在五年内把公司上市呢?"

大师不屑地回答:"没有标准,上不了台面的家装行业,纯利翻10倍也上不了市,不如上上菜市场吧。"

我有一个愿望:让传统的家装行业改换一种商业形态!

小时候,我是个顽强的小个子

我从小就有点与众不同:小小的个子,却是浓眉大眼,长着一头茂盛浓密的长发。浓密到什么程度呢?大人们经常会讨论,说我的营养是不是都被头发吸走了。

别看我个子小,却很顽强。入学第一天,妈妈居然忘记来接我。第一天上学的我,硬是自己走了40多分钟的路,找到妈妈的单位。站到她面前时,我妈吓到差点没哭出来。

后来跟邻居的孩子结了伴,一起步行上学。她腿比我长,走得比我快,我总是得一路小跑跟着她。偶尔会去坐公交车,身无分文的我们把别人丢掉的车票捡起来,掐在手里,售票员对小朋友不严格,看到有票就放行了。

我是个独生女,每天清晨起床,父母一定是不在家的,他们都在田里种菜、收菜。起床后,我拿着梳子,步行 15 分钟到田里,让老妈给我梳头发,再拿 1 块钱到学校门口吃碗柴火馄饨。

晚上,我爸妈回家晚,我放学到家时,家里也没人。我一个人在家,特别怕黑,胆子也小,只能用电视机的声音来壮胆,偶尔听到新闻里说哪里有杀人案,吓得连忙换台。幸好邻居中有位老奶奶,她会照顾我,给我送吃的。在我印象中,我的童年好像就是这位奶奶陪伴度过的。直到奶奶去世,我挺过最初的伤心之后,心中无比遗憾,总觉得失去了生命中很重要的人。但人生就是这样,小孩子也要学习面对死亡。接下去的路,也还是要顽强地走下去。

争回来的班长

小学 6 年,上课期间我从来不举手发言,即使成绩在班级里处于中上等,但评班干部、评奖这类的事都与我绝缘。开家长会时,老师对我妈说得最多的是——这孩子太内向,不主动交流。

一个平凡、内向的小个子,就这么走进了初中。开学的时候,我发现老师已经把班委都安排好了,也不知道自己哪里来的勇气,给班主任老师写了一张字条:我想当班长!夹在语文作业本里,交给了班主任。我期待着班主任找我谈话,也许会批评我一顿,也许会说下学期再争取……内心演绎了各种情节。

结果,班主任没有找我进行任何沟通,却在班级里设立了一个纪律委员的岗位，直接任命我来干。具体的工作内容就是在同学们上自习课的时候，坐在讲台上，保证班级的纪律。

全班同学非常支持我，班级安静得连丢根针都能听见，我的自信就是在这个阶段被培养出来了。初中毕业时，班主任送了我一个记事本，扉页上写着：班长朱静——似乎不一样的人生就在此时被按下了确定键。

在"人格分裂"中成长

大学毕业时，我的择业标准有两点：第一是离家近，第二是要求公司直营。离家近节约了我的上班时间，公司直营则意味着会有系统化的培训——对于刚入社会的我而言，需要的是更多学习的机会，工资待遇反而不是我考虑的重点。

那时，我家刚好装修，我陪妈妈逛建材商场，碰上一家高端瓷砖品牌在招聘销售。应聘后，如我所愿，企业培训做得系统规范，让我初入职场就对用户、对金钱、对销售有了起步较高的认知。

有一次，公司开会，领导说要开发公司的互联网线上销售团队，让有想法的前端市场人员主动报名，公司有专人来教。这种机会我怎么会放过？在会场上，我立马就举手报名。从此，我开始学习互联网线上销售。那是2012年左右，我每天上班倒上一杯水，就开始盯着电脑，浏览各种BBS论坛、QQ群等，做海里捞针的工作。一坐就是几个小时不动，连别人洗好送来的水果都没心思吃上一口。

除了披着几十个马甲在论坛里制造舆论，每天还要在电脑上同时至少挂10个QQ账号，在不同的群里扮演不同的角色，"人格分裂"式地与不同的人聊天。根据群里的人所呈现出的不同需求，观察谁是我的潜在用户，再进一步地沟通，约见面，直到成交。

在创业之路上遇见新商

2014年,随着结婚、生孩子,我一时无法承担繁重的销售工作,于是放弃在职场的历练,跟先生一起创业。共同努力后,我们在家装的创业路上已经有了一定的成果,在行业内有了一定的知名度,但也遇到了瓶颈——尽管每年都投入不少宣传推广费用,但公司品牌始终出不了"圈"。

直到2019年12月,我接触到了新商业女性,我眼前一亮——这就是当下我需要的。在一场沙龙中,包括创始人王辣辣等60多个商业女性围坐在一起,分享商业智慧。一位专门做品牌运营的学姐剖析自己公司的模式,并且给创业者在品牌设计方面提供了一些建议,给了我很大的启发。沙龙结束后,组织者还带着我认识了这位学姐,她为我做了1个半小时的公司品牌梳理以及执行规划,让我茅塞顿开。在接下来的日子里,我对公司品牌进行了优化升级,对产品做了新的定位与升级,很快有了明显效果。

对于一个只付了199元下午茶费的普通人,怎么会得到这种机会呢?真是捡了个大便宜!

接下来,经过持续接触,我愈发感受到这个组织充分利他、开放包容。

找到破局点,再上新台阶

2020年5月,我去深圳参加新商的第5期创业营。升级了商业思维的我,通过自己的学习以及向外输出,影响了一群同行业者。我们通过社群,把来自全国各地的同行聚到一起。

在社群里，大家畅所欲言，深度交流了三个月后，总结出家装设计从业者的共同困局：找不到客源。

怎么破局？我们借助小红书平台，打造属于我们社群共有的流量来源。大家共同出钱出力，请专业的运营团队打造运营新媒体矩阵，在小红书、微博、简书、知乎上打造我们的大IP：静姐说装修。而我则非常荣幸，以"静姐"的互联网身份，继续发挥我的特长，负责对接引流过来的客户。

一群通过社群连结到一起的人，有了自己的代言人。大家的利益被深度捆绑，除此之外，我们还利用各种场合宣传社群，打造社群成员的个人IP，不断吸引"同频"的人加入社群。在一遍遍的筛选中，队伍不断扩大，同时也裂变出几位优秀的大群主，产生了行业的社群矩阵。

拥抱未来，走上新商业大舞台

尽管社群已经做得有声有色，但在滚滚向前的商业浪潮中，这还远远不是终点。

受"降维做市场，高调做产品"的金句点拨，我开始思考：作为运营了13年的家装公司，我的京陵软装品牌也算是先驱者。那么，这些年积累的经验，能不能有效沉淀与传播，形成更大的效应呢？

大部分的家装从业者，每天对不同的用户重复说着相同的话，用相同的方式推广，总是在原地打转，找不到属于自己的核心竞争力。那我正好可以结合自己的行业经验，以咨询教练的身份，帮助大家用系统的方式，把自己的核心竞争力梳理出来。

说干就干，在精心打磨家装私房课、快速完善咨询系统后，我在社群中正式推出了京陵家创会项目。

在我的设想中,京陵家创会项目不仅仅是一个行业知识汇聚与升级的平台,更是一个行业资源深度整合的平台。通过它,把分散于各地的一个个小作坊式的家装公司整合到一起,共享品牌策划、人才招聘、销售引流、原材料供应、技术设计、信息情报等资源。

目前,京陵家创会项目已赋能全国30多个城市的家装创业者,并同时实现着我的愿望——以分布式的合伙人模式,完成全国布局。我们在不同的城市,却用相同的从业方式,让非标准化的家装可以轻资产地实现全国化异地协同。

知道自己要什么,也知道自己不要什么,认真地对待每一位生命中遇到的人,感恩着生命中所有的遇见,珍惜当下。我期待,但不奢望,尽自己最大的努力,一切交给天意。

我是一个顽强的小个子,是个怕黑的小女生,是勇敢争取的"班长",是"人格分裂"的销售,是精通装修的"静姐",是京陵家创会的创始人……

未来是什么样子的,由我们一笔一笔去描绘。

我是朱静,很高兴认识你!

文利

"合美驻颜空间"创始人
徒手美容和筋膜理论的深度研究者
十余年渠道营销从业者

扫码加好友

文利 BESTdisc 行为特征分析报告　　新商业女性 New Business Women
DS 型

报告日期：2022年02月25日
测评用时：12分10秒（建议用时：8分钟）

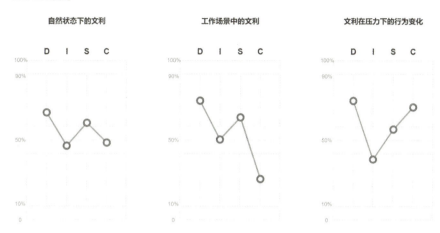

沈文利是一个目标感很强的爽快姑娘，对自己想要什么，她心中非常清楚。她当机立断，具有主动开拓的精神。

所以你看她为了考察项目，四处奔走，不断探寻。

尽管坚定主动，但她同时也有温和有礼、真诚可靠、高度关注别人感受的一面。

她会坚定不移地推动自己和他人，为了团队目标持续努力，但同时也愿意聆听和放慢脚步，等待其他成员追赶上来，是一个很好的团队领导者。在面对压力和挑战时，她会变得谨慎和就事论事。

为了热爱和梦想而坚定地努力着，这本身就是最动人的浪漫。

第九章　创业：用女性力量打造新商业形态

合美百岁梦,真的只是一个梦么?

大家好呀,我是沈文利,一个纯纯正正的理工女,大学毕业后在一家跨国企业工作了10多年,随后因为对用数字化和金融思维去指导实业的兴趣,读了金融MBA。在家庭方面,我也一路顺遂,结婚生子,买房买车。

以上是一个平平无奇的女孩的经历,但我的生活,因为突然辞职,开始探索真正热爱的事业,而变得不同。

在走过了人生的小高潮和至暗时刻后,我终于慢慢找到并确定我热爱的事业,特别想和面前的你分享这一路探索的过程和我的合美百岁梦,希望能对你有所启发。

寻梦途中的那道光

2019年6月的一个下午,画面突然定格在旧金山九曲花街的一位优雅女士身上。虽白发苍苍,但她的妆容和服装都一丝不苟,就这样静静的、赤脚站在自家院子里,推着篱门。手指和脚趾上红色的指甲油,在阳光的照耀下闪着半透的光。更重要的是,她的面部表情舒展自信,体态自在优雅。

我忍不住停下，拍下了这位女士和那天旧金山的阳光。

我想，等我老去，我要的就是这样的状态！有花园，有朋友，有家庭，更有健康优雅的自己。那一刻击中我的不只是未来我希望的生命状态，更有我近三年的迷茫和对热爱的事业的探索，点亮了我人生的一道光。

每个人都想要优雅、健康、幸福地老去，为什么不在这个自己也无比渴望的方向上探索呢？更何况，从科技的角度来说，活得更久早已不是问题。2018年，以色列诺贝尔化学奖获得者阿龙·切哈诺沃（Aaron Ciechanover）教授在分享定向医疗技术时，讲到未来20年，将会有越来越多的人有机会活到100～120岁。

突然，我想起了幼时坐在田埂上许下的百岁梦，想起了在职场、商场上打拼得面有菜色、身体紧绷的人们，想起了曾经跟健身教练说起的女性空间……

原来我已经围着这个优雅百岁梦，兜兜转转了很多圈。

百岁梦的缘起

上小学时，我就有一个长远的规划：上学，结婚，30岁之前生完小孩，45岁退休，去做对社会更有价值的事情。

为什么那么小的我，会有一个这么长远的规划呢？这都源于我的梦想：活到百岁！我生长在位于长江入海口的江苏省南通市如皋市，十大长寿之乡之一，也是目前国内百岁老人最多的市。

记得在一个阳光灿烂的上午，我跟着爷爷奶奶去田里插秧。小小的我一个人坐在田埂上，看着他们，开始了胡思乱想：到爷爷奶奶这个年纪时，我应该也能这么利索吧？我出生在这样的地方，应该能活到一百岁吧？这么漫长的人生,我会怎么度过呢?跟商战小说里一样,当个老板?还是当老师?抑或政治家?科学家?要不当记者吧,亲眼看看不同的人是如何生活的。虽然最终什么也没有想出来,但那个画面和百岁梦就这样定格在了小小的我的脑袋中。

童年时的百岁梦,在遇到九曲花街的那个优雅女性后,被彻底激活了!

30 岁女性抗衰变美的探索之路

已经过了 35 岁的我,在陆续生完俩娃后,身体状况大不如前;工作的压力和常年的熬夜,让脸上的皱纹显现出来;琐碎的日常和未来的不确定,带来身体的紧张和睡眠质量下降。对于这些衰老和变化,说实话,真不敢去面对,但一路的探寻让我更加迷茫。

我之前一直去的那家美容院,在我每次做项目的 90 分钟里,我都仿佛被唐僧念经一样地花式推销,办了十几张"全能卡",但这些卡总是一个月后就不再"全能"。

生二胎的时候,我本想好好调理自己的身体,但在实地考察加用户访谈后发现:月子中心买硬件非常舍得花钱,但在服务和康复师资上总是不尽如人意。

我在意自己的咬肌过于发达,被"种草"了瘦脸针,但在做了专业调查后,发现肉毒素的依赖性和后遗症太严重,实在让人望而却步,犹豫了三年,未敢尝试。

我在产后希望尽快恢复马甲线,报了几十节的私教课,却发现教练们总是习惯性用动作塞满 90 分钟,往往刚找到肌肉发力的感觉就要换下个动作。最后,我还是通过自学人体知识,和私教重新制订方案:聚焦、感知身体并进行核心部位的定向训练,终于在产后 21 天实现了目标,重新练回了马甲线。值得庆幸的是,这是我第一次真正获得对身体的感知!

在这个市场,"立竿见影""一步到位""无痛无痕""越贵越好",所有营销话术针对的都是人性的贪婪,甚至不惜用牺牲用户未来利益的方式来赚取高额的利润。

事实上,几十年积累形成的体态、皮肤问题,怎么可能简单、粗暴地一朝解决呢?所有不符合逻辑、科学的营销和产品都是在破坏市场环境、破坏人跟人之间的信任。

所以,到底有没有什么技术或者产品,是我们真正需要、又能符合人体科学的呢?怎样才能让女性消费者被真正温柔、诚实地对待,优雅老去呢?

带着这样的思考,在美国之行后,我开始了一段新的寻找的过程。我几乎是用做科学试验的态度,陆续尝试了包括胎盘素、干细胞、激素抗衰在内的各类长效大健康和美容产品,但始终没有找到一个适用于所有人的抗衰产品。

该遇见的总会遇见

好在,该遇见的总会遇见。

2019 年年底,一位朋友反复邀请我陪她考察一个美容和抗衰项目。我俩年纪相仿,当时她的家庭和事业都比较紧张,所以想好好对待一下自己,在这样的机缘下,她在那个品牌做了一次面部护理,就直接购买了全套的徒手美容和筋膜养护项目,还说考虑在老家开加盟店。

当时,正好我俩都在上海出差,她为了能让我尽快体验,给我买了去南京的高铁票,然而那天,店里的熟练调理师不在。她立马说,你一定要和我再去北京体验一下。这激起了我的好奇心,她和这个品牌并无直接关系,却不遗余力地推进这件事,这到底是一个怎样的品牌？刚好不久后,我去北京出差,她早早地安排好了项目和调理师,在坐了整整两个小时的地铁后,我第一次真正体验了荷绿美的徒手美容项目。

这次体验,调理师用她的双手带我的面部做了一次完整的运动,体验很深刻,有一种特别的酸胀感。因为她,我了解到面部是扁平肌肉群,需要用被动运动来恢复面部形态。

两个月后,荷绿美在深圳的第一家直营店开业,在这里,我遇见了带我真正深入去了解这套产品体系和理念的人——荷绿美的创始人、产品经理王曼媛。

曼媛说,荷绿美的价值观是"致力给顾客带去最真实的价值",她们在门店都贴有"快乐美容,拒绝推销"的标语。这一次,我体验了荷绿美最核心的面部项目:徒手美容之结构矫正。

技术老师每做一个动作,都和我的感受同步,随着这些着力点从酸胀到疼痛的消失,凹陷之处一点点饱满,向下拉扯的力逐渐消失,眼角、苹果肌、嘴角慢慢上扬起来。虽然没有动刀、动针,但面部形态发生了不小的改变,尤其在周正、饱满、柔和和年轻态的表达上。

这些变化只是形态上的,让我更为吃惊的是,口腔里的空间感和我的情绪状态同时发生了改变,项目做完后,我特别想说话、大笑、唱歌,那晚在地下车库的车里唱了半小时才回家。

我的这些变化,身边的家人和朋友也都能感受到。随后,我先生也去做了尝试,他的两大困扰:青春期严重的痘痘让皮肤非常松弛、油光暗沉。经过三次毛孔"清道夫"之皮脂膜修复项目后,他的皮肤一下子干净、透亮起来,保持了一个多月,用他自己的话来说:专业去油腻。

和另一个朋友吃饭时,她被我的笑容感染到,虽然已认识多年,但是第一次看到我这么真实、有感染力的笑。曾获广东省生物竞赛一等奖的她,在对每个项目做了细致研究后,她也做了徒手美容,对为了双胞胎儿子熬夜多年的她来说,暗黄的脸色越来越透亮,黑眼圈和眼周的高压逐渐消失……后来,她成为我这个项目的第一个合伙人。

还有很多朋友的案例,这些让我看到荷绿美项目的科学性和可能性。

但更吸引我的还是曼媛在整个创业过程中,站在消费者本位上,关注本质,立足人体科学,坚持从最内在的需求和完整性出发,进行项目的研发,目前全球已有近百家门店。

人和人之间的缘分,和认识时间的长短并无关系。我们一拍即合,几天后就相约在荷绿美的厦门总部见面。在厦门,我们一起聊人生、事业发展方向、行业发展趋势,一直到深夜。自此,我俩开始了每月一次的碰面,一直延续至今。

通过曼媛,我第一次真正了解了什么是筋膜,这在最近十年才得到医学上的极大重视,很容易触及,通过压力即可实现组织形状的改变。筋膜遍布于身体的各个部位,对于塑形、运动、血液供给、本体感觉等身体功都能起到非常关键的作用。如果说,人体是一座房子,筋膜就像钢筋框架和水电系统,影响着整个房子的稳定性和居住环境。

对于一个人来说,如果没有办法彻彻底底地了解他的身体,他就没有办法控制他的生活。荷绿美在消除生活在面部和身体上留下来的痕迹、恢复我们的年轻态时,带我们去重建和身体的联结,让我们会有更多的机会,活出真正想要的生活状态。

那一刻,我突然意识到,我已经幸运地找到了百岁梦的入口。

合美百岁梦的探索和落地

在确定了核心产品体系后,2020 年 5 月,我梦想中的社区驻颜空间开始落地了。

为什么会选择社区这种形态呢？因为在社区场景下，更有可能去重建人与人的深度连结，为此，我放弃了一年免租金的商圈热铺，选定了深圳湾的一个社区空间，取名"合美驻颜空间"。《说文》里解"合"字为"人""一""口"，意为：大家同吃一碗饭，是合作；人人发出一个声音，是合心。"人"在其上，方有可"美"，"合美"意味着：我们每个人既是客户，也是共创者，互相陪伴，一起健康地变美、活出自己、优雅地老去。

所以，在合美驻颜空间，除了荷绿美这个已经发展了10年的徒手美容业务以外，还有美好的生活方式，比如化妆、茶艺、花艺等等，同时还有在向内探寻后的女性成长和疗愈项目。而以上这两部分的项目合作者，基本上也都来源于我们的客户。

设想是很美好的，落地才是最难的。

最初，我们更多的是把这个项目作为副业和投资来做，交给职业经理人来运营。但自己的热爱和梦想，最后只能靠自己去完成。2021年年初，当运营负责人离职时，犹豫再三，我还是放下了所有其他工作，全力以赴地投入到这个梦想的实现过程中。我不希望这个来自童年的合美百岁梦，最后只是一个梦而已。

我将"合美"慢慢从运营团队中接手过来，从团队、店务到运营，一点点去了解细节，耐着性子去和客户打交道，慢慢地找到了一点感觉。接手后的10个月，业绩增长了三四倍。2022年，团队将冲刺千万目标，争取创造人均100万～200万元的效益。

逐渐出现转机时，股东们对于发展方向又开始有了分歧，我思考再三，果断回购了股份，顶着压力，为这个梦想做更加系统的规划和大胆的尝试。我用分布式商业的思维重组了门店形态，首先对组织进行了分布式调整，包括对内的调理师合伙人、空间的项目合伙人，对外的外部合伙人。合伙人背后的关键是分配机制，这就需要对每个细节都有清晰的了解；其次是平台自运转和赋能系统，这个是合伙人机制和沙龙活动机制能运转起来的关键，而这刚好是我一直的优势所在。

在对项目进行了分布式拆解和供应链整合之后，自运转能力和效益开始逐渐显现,越来越多的投资人和客户表示有兴趣,但走过这段经历后的我并不着急,更希望保持初心,寻找价值观相同,并能背靠背一起走下去的事业伙伴。

合美驻颜空间的初心是根据人体科学,严选优质驻颜服务,将学院级专业抗衰技术带入社区,在你家楼下的合美空间中,陪伴你健康变美、成长绽放,共享美好生活,走向优雅百岁人生。

在这一年多里,我们已经见证了上千位女性健康变美和数十位女性完美绽放的过程。未来,我们会致力于去更多的社区,陪伴更多的女性建立和身体的联结,在变美的同时,重塑自己和生命之间的关系,活出自由、美好的人生。

讲到这里,合美百岁梦,真的只是一个梦吗?

不管从科技、产品,还是从商业形态上来说,它会成为越来越触手可及的现实。

虽然身体的衰老不可避免,但在这里,衰老是可以被管理的。如果衰老这件事都能掌握在自己手里,还有什么是我们不能掌握的呢?

那首熟悉的歌在耳边响起:"我能想到最浪漫的事,就是和你一起慢慢变老……"希望你,也能和我们一起浪漫走下去。

嘴嘴

女性成长社群KOL

OKR行动力手册主理人

小红书、抖音自媒体达人

扫码加好友

嘴嘴 BESTdisc 行为特征分析报告
CD 型

新商业女性 New Business Women

报告日期：2022年02月28日
测评用时：04分36秒（建议用时：8分钟）

高 C、D 特质让嘴嘴十分直接、简单，她追求成就与效率，注意细节与精准度。常常就事论事，而较少去谈论自己的感受。当然，嘴嘴的 I、S 特质也不低，在中线附近，这让她并不会显得冷漠，也能关注他人的感受。

能激励她的是工作成就和迅速完成任务，这就不难理解她会善用 OKR，并乐于从事相关的工作。这正是与她内心高度契合的领域，能让她收获衷心的喜悦。

在日常工作的时候，嘴嘴会做出一些调整，让自己更热情一些，但一旦面对压力和挑战，高 D、高 C 特质会帮助她迎难而上，强势完成艰巨任务。

你知道，如何按自己的意愿过一生吗？

2020年9月的某一天，在从北京飞往深圳的途中，我看完了一本书，它彻底地点燃了我，那本书的名字叫《按自己的意愿过一生》。作者是王潇，也叫"潇洒姐"，在我眼里，她是一个外表好看、灵魂有趣的女子。合上那本书之后，我被点燃的心一直难以平复。那时的我，距离从工作了六年的央企离职已将近一年。

离职之后，我遇到贵人扶持，在很短的时间内便成立了自己的互联网创业团队：洛基花园。尽管在别人眼里，这是一个非常有发展势头的团队，但我总觉得哪里不太对劲，并且这种不太对劲的感觉和从央企辞职前的心情在某种程度上类似，就好像有个声音在一直提醒我："现在做的事情好像并不是我真正热爱的。"也就是说，我现在所做的工作可能并不是我辞职之前所构想的充满创造力的事业。这份事业所描绘出来的蓝图，并不符合我的初心。

1991年出生的我，此时马上就要步入30岁。

30岁可能对于每位女性都有不同的意义。我马上就要30岁了，可是好像连自己想要过怎样的人生，都没有认真地思考过。

记得《按自己的意愿过一生》这本书里面提到了"一生的计划"。那么，对于我来说，我一生的计划是什么呢？我未来要到哪里去？我向往的生活到底是什么样子？

虽然我并不排斥当下的生活状态，但是总觉得心里缺了点什么。于是我在想，是不是有一种方式真的能够让我按照自己的真实想法去生活，能够让我充满热爱地度过每一天。

我开始动了一个念头：如果我现在就朝着自己的目标前进，做真实的自己，并且能够帮助我身边的小伙伴一起朝着梦想中的生活前进，那真的没有什么比这个更酷的事情了！

那怎样往目标狂奔而去呢？首先我们先看看到底目标是什么。

我经常听到身边的小伙伴跟我说，嘴嘴你好像能同时做很多的事情，比如说，你能把孩子照顾得很好，能把团队带得很好，并且自己还能够专注在产出内容上。

我想了想说，看似我好像能够做很多的事情，但实际上，陪娃的时候我就认真陪娃；带团队的时候，我就沉浸式地带团队；做内容的时候，我就让自己保持专注。所以，看似我能够同时做很多事情，但实际上，我在每个时间段都只专注于一件事。

我们身边大部分的伙伴都经历过这样的情况。在年初，立下很多的心愿，比如说，今年要读多少本书，今年要瘦多少斤，今年要去多少个城市旅行，今年要看完多少部电影……但是到头来呢？在生活中，总被很多杂七杂八的事情分散精力、转移重点，一通忙乱下来，年初立的心愿和年中的自己完全就没有什么关系了。

我却不一样，该做的事情一样不落。我意识到，这一点可能是自己最能帮助大家、为大家提供价值的突破点。进一步思考，为什么我能做得好一点呢？这是因为自己践行的时间管理方式在起作用：要事第一。

在很多事情面前，我会优先完成最重要的事，比如，我在早起之后，会利用1~2个小时的时间，完成昨晚规定的三个任务，这样一来，完成工作后剩下的时间就是我的弹性时间。这些弹性时间可以自由安排，而不是用传统的时间管理方式去排满整个时间表。

这也许就是我和其他人定目标的不同之处。尽管我可能也会有很多的目标，但是我在完成目标的时候，会非常专注地去做每一件事。

在深圳参加创营期间，我遇到了一位老师。在他的帮助下，当天我就把市面上所有和OKR相关的书籍买了回来。当我看完这些书之后，我惊讶地发现，这不就是我一直以来的目标管理方式吗？每次只选择一个目标，专注完成，在路径上发挥该有的创造力，对结果不断挑战。

于是，我决定，既然市面上没有一个能解决目标和专注力的手册，那我就自己创造。

就这样，2020年10月，我的《OKR行动力手册》（电子版）出炉了。接下来的几个月，我在自己的私域生态中持续给很多伙伴做了公益陪伴和赋能。凭借着良好的口碑以及在新商业女性生态力量的支持下，在2021年9月，我将手册做成了文创产品。通过社群行动营，在短时间内将手册销售一空。

这段经历给了我很大的启发，也让我看到了OKR在国内普遍的现状：多以赋能企业或组织为主，然而引进了OKR管理方式的企业，由于受企业文化的限制，相当一部分用成了KPI，在一定程度上失去了这个工具本该带给员工的创造力。

要知道，随着新商业时代的变化，以及各种新经济模型的出现，一批又一批的新经济创业者涌出，他们是新一代的超级个体，是用自己的IP影响力努力让这个社会变得更好的一群人。这些人不为任何公司打工，是新一代的数字游民。基于这样的一个时代环境，产生了个体对于目标管理、自我管理的需求，而在我看来，OKR能够很好地满足这一点。

不久前，我就通过这个工具，帮助朋友博博走出了内耗。

我经常开玩笑地跟博博说："你是个'思想家'，点子总是多到不可思议，但是不愿意'下凡'。什么时候能把你的想法一个个落地，就能活出你想要的人生啦。"在我的支持下，作为新一代的自由职业者，想通过做IP实现更多可能性的博博写出了自己的第一版OKR：

O：完成"怦然心动的人生愿景实修营"的基础搭建。

KR1：通过阅读30~50本和愿景、目标相关的书籍，调研市面上10~15个与梦想、愿景相关的知识付费产品，研发出"怦然心动的人生愿景实修营"的产品内容和商业模式图。

KR2：通过对接资源和市场，设计出实修营的物料包以及成本推算表。

KR3：通过现有资源，搭建3～4人实修营操盘团队，同时设置分佣机制。

要知道这个OKR是在她已经有了这个想法几个月之后写出来的。从某种程度上说，这个依然是在她的舒适区里，比如这份OKR只是在打磨产品，而对于她来说，是时候去通过行动获取结果了，所以招募学员比打磨产品更迫切，也更具挑战性。于是，在进一步的推进之下，博博有了第二个版本的OKR：

O：完成"怦然心动的人生愿景实修营"的基础搭建。

KR1：通过阅读30～50本和愿景相关的书籍，调研市面上10～15个与梦想、愿景相关的知识付费产品，研发出"怦然心动的人生愿景实修营"产品的基本框架和可以交付的DEMO版本。

KR2：通过私聊和现有社群，完成第一轮10人拉新。

KR3：通过对接资源和市场，设计出实修营的物料包以及成本推算表。

你们猜最后结果怎么样？走出舒适区的博博不仅成功地搭建了自己的人生愿景实修营，超额完成了训练营招募，并且在次月完美地结束了整个实修营的运营。

虽然说这一次只是一个很小的尝试，却可以让她从内耗中走出来，用行动疗愈自己。通过这次尝试，让博博更自信的地方是：她是可以通过IP变现的，也许在不久的将来，就能够实现自由办公的梦想。

像博博这样，想要通过自己的IP来变现的小伙伴非常多，而这就需要唤醒我们的内驱力，实现我们的财富目标，我可以帮助她们做到这一点。

现在想想，自从我合上那本书开始，我就在主动创造自己想要的生活，用热爱活出生命的温度。

如果我们可以带着觉醒的意识去创造喜爱的事，也通过热爱的事业为这个世界创造价值，还能收获财富，这难道不是一种幸福吗？这也许就是我的使命，并且我愿意带着更多的伙伴，余生都活在热爱里。

我是嘴嘴，在不断奔向自我目标的路上，你要一起来吗？

第十章

资源：身后一片星星海

新商业女性自2018年11月成立以来,在全球已经拥有30万付费用户,孵化出100多个品牌,辐射用户超过200万。除此之外,它拥有超过4500个付费社群,其中涉及母婴、旅游、教育、美妆、消费品等多个行业,并持续召集各领域的优秀女企业家、创业者为平台增加价值。

可以说,对于每一位新商业女性的成员而言,新商就是她们最大的资源海。

唐君的文章看似在说"女性成长"的命题,把她的故事放进本章,是因为在她的故事中,我们处处可以看到新商的资源影子——项目、团队、导师、情绪呼应……都来自于新商。当她睁开眼睛、转过身,看到的是一片"星星海",是她们在推动着她前行。

在王淑玲的文章中,前半部分一直在谈自己创业的过程,单打独斗很辛苦,也很无助。当她进入新商的创业大会,她的产品被很多个社群熟知,商业模式被重新设计,还得到了投资。她不再是一个孤勇者,而是通过资源的获得与整合,越走越轻松,不知不觉就还清了外债。

朱媛的公主梦由一群人帮她实现。从她的故事里,我们可以看到,是她首先与别人产生了连结,贡献了自己的力量,才在需要的时候获得了大家回馈的资源。不管是不是在新商的平台上,每一个人都有机会因为主动连结而产生力量、收获资源。

新商对创业者的资源支持,此前像茉莉等作者也提到过,有的是直接投资,有的是引入供应链,有的是引荐团队,有的是重新改造商业模式,有的是对接资源……在那一片"星星海"中,你的梦想被"看见",而反馈回来的力量也绵绵不绝。

唐君

15年资深采购经理人
日本统合医疗认证芳香母婴心身讲师
新商业女性未来生态CEO

扫码加好友

唐君 BESTdisc 行为特征分析报告
IDC 型

新商业女性 New Business Women
报告日期：2022年02月25日
测评用时：08分05秒（建议用时：8分钟）

唐君的第一特质是 I，这让她看起来热情活泼，似乎更善于与人打交道，但其实她的 D、C 特质都不低。因此，利用信息、带领团队去挑战高质量和高标准，是她的强项。如果给她机会与不同的人打交道，并且开展不同的任务（这些任务最好是细节性或专业性的），唐君就能把自己的能力发挥到最大。这也是辣辣敢让她去扛"南京社群实战营"百人场的总控的原因。

但唐君还有一点，就是她不喜欢强势命令他人行事，也不愿对团队提出苛刻的要求，很在乎别人的想法（这是她的 I 特质决定的）。这就让她在项目执行过程中会更倾向于消耗自己，产生巨大的压力感。

唐君的理想上司应该是个直接、乐于参与的领导,能意识到她需要沟通和激励,而且要清楚地和她商量目标和时间表。一旦达成了一致意见,则要赋予她完成任务的权力和责任。在这一点上,辣辣无疑百分之百地契合。

在大家的支持下,唐君圆满完成了挑战,收获了成长和自信。这绝不是单纯的幸运,而是一种必然。

唯有经历过黑暗，方可向阳而生

> 没有任何人去过创造之地。你必须离开舒适的城市，走进直觉的荒野。你将会发现精彩绝伦的世界，你将会发现你自己。
>
> ——艾伦·艾尔达

我叫唐君，出生在南京，一名广告设计专业的毕业生，却跨界做了15年国内知名上市企业的资深采购经理，实打实的有着强烈规则感思维传统的"工具人"。在不惑之年，想打破自己的传统职业思维，考了一堆证书。2019年，我"裸辞"，选择个体创业，做了芳疗师。2021年11月，我遇到了新商业女性以后，才思考一个非常重要的问题，我的人生使命是什么？

在接下来的一年里，我不断地学习，不断地重建自己，不断地做选择。其实，在我们面临选择却犹豫不决的时候，容易失去很多机会。选择过多就不会深耕，选择过少会焦虑，总结起来，就是我们并不清楚人生的方向在哪里，不知道自己想要什么。种子在发芽前，都会经历一段漫长的黑暗期，唯有经过努力之后，破土而出，方可向阳生长。

2021年4月，一次偶然的机会，我第二次见到了新商业女性的王牌导师杨瑞。从这一刻开始，我决定要做一名社群导师，帮助更多女性在社群中成长，活出自我价值。目标多坚定，就会多努力，我用了三个月的时间，从一名学员成长为带新学员的园长，再到线上课讲师，成了大家口中的"火箭少女"。在半年内，我还参与了5次线下课，陪伴更多女性成长，为大家无偿服务，我从来没想过要拿回什么。大家也看到了我的变化，从原来一个不会笑的"工具人"转变成会开玩笑的"段子手",喜悦多了,自然都显得年轻了。

如果说成功跟机会有很大关系,但是不努力,就绝对没有成功的机会。2021年11月的某个深夜,子时已过,微信响了,让我万万没有想到的是,联系我的竟然是新商业女性的创始人王辣辣。她的话语很简单,任命我为2021年的收官之作"南京社群实战营"百人场的总控。其实这个项目已经有总控了,而且离开课时间已不足一个月,所以我的第一反应是拒绝,本能地害怕这种突如其来的挑战,以及担心别人会怎么看我,但是辣辣坚定地告诉我,原来的项目总控有别的工作安排,这个决定没得商量。

那晚,向来睡眠很好的我几乎彻夜失眠,满脑子在思考还有没有退路,别人不配合我工作怎么办?而且最大的障碍是招生的时间与公司的三周年大型活动"撞了"。我觉得压力好大,因为我以前做了十五年采购,一直是甲方,从来没有做过销售。

项目推进的第一周如同至暗时刻,后台的报名人数没有变化,处在焦虑和恐惧中的我,因压力过大,每天都会大哭一场。事后,很多人听到这里都不相信,因为在大家的眼中,我是个十足的女"战士",眼泪怎么会是我的"配置"呢?

人在极度的困难之下会迸发出潜能,没有做过销售方案的我竟然也开始制订各种招生激励方案,群发、一对一私聊,不放过任何一个可能性。甚至还联系导师班的十几名同学,一起用小视频的方式做招生矩阵,就连新商业女性的创始人胡萍校长和杨瑞老师,都录制了招生视频,为落地南京助力。我甚至做了三套预算方案,最低配多少人可以保本,中间方案多少人可以盈利,最佳方案满员百人的结果……因为最大的挑战在于招生,所以我把会务工作全交给其他伙伴去完成,当然也给了她们很大的压力,包括成本控制、场地要求等等。最后,她们被我逼得多次提出能不能延期或取消,其实何止我每天无数遍地刷后台,查看报名人数,项目组的每个成员皆是如此。

离开课时间越来越近了,学姐团都通过面试了,招生情况依然不容乐观,我几乎处于崩溃边缘。我给一位情绪教练打了电话,说明了需求与问题,她帮我无偿做了情绪疗愈,因为自己的状态很不好,导致非常难进入状态。

这位教练耐心地开导我:"宝贝,你思考一下,这个项目如果砸在你手上,最差会是什么结果?"——我还真没有想过最差的情况,会是什么样的呢?首先,交给场地方的3000元定金肯定拿不回来了,然后应该有一部分人会笑话我吧,那么有能耐,咋就搞砸了呢?

教练继续说:"这些会对你有什么影响?"——好像也就是一部分人笑话我,大不了以后不相处了呗。

"宝贝,如果你现在用这么紧张的情绪去招生,一定做不成。但是,如果你能接受最差的结果,带着喜悦的心情去做,老天都会帮你。"——真的吗?老天都会帮我?事后我才知道,这位教练因为帮我做疗愈而错过了航班。

自打那天以后,我心中亮堂了许多。负责会务的伙伴们跟我说,从现在开始,会务的事你都别管了,交给我们,你安心去招生。一切都如奇迹般在好转,静默多日的后台数据开始有了变化,1、2、3……7、8,陆续开始有学员报名,数据最好的一天竟然多达18人。就连杨瑞老师,竟然也在学姐群里、预备导师班群里协助招生。有人说,唐君,你运气真好,这么多人在帮你。但是,工作中所谓的运气,并不是偶然的降临,而是你的不懈努力让大家"看见"了,并愿意反馈、支持。

距离开课还剩一周时,我们已经完成了60人的报名。开课前两天,确定到场的合计人数为90人。然而,谁都没料到的是,就在大家雀跃之时,南京查出一名新冠阳性人员!学员群立即"炸锅"。各种声音都冒了出来,有担心被隔离的、有担心课程取消的、有担心安全性的……说实话,此刻如果用"晴天霹雳"这个词来形容,一点都不夸张,但是也庆幸我们提前让所有人携带48小时核酸报告,同时联系场地方确保可以开课,保证安全。与此同时,我和工作组所有伙伴在学员群里维稳、安抚。

12月10日,课程如期进行,虽然历经重重困难,但正如唐僧师徒要经历九九八十一难那般,人生的路哪有一帆风顺的。

课程结束的当晚,在举办结营仪式后,杨瑞老师请我上台。可能是跟着

第十章 资源:身后一片星星海

老师有段时间了，我比较了解老师会做什么，心中早有准备：一定是要奖励我，老师那些煽情的话一定会让我哭的，怎么都要扛住，因为在90人面前哭，那多尴尬呀。我一副不以为意的样子，大步上台，老师让我转过去，闭上眼睛。我当时脑海中满是画面感，这是要给我一束花吗？还是一张大奖状？不会的，这不是杨瑞老师的风格。不会是一个生日蛋糕吧？更不会，我生日早过了……一通胡思乱想，老师说的啥，好像听得也不真切，只觉得脸上一热，两行泪不知道什么时候挂在面庞上了。

"唐君，请你缓缓睁开眼睛，转过身来。"咦！怎么全场黑了，什么时候关的灯？是不是有个蛋糕在我身后，是要我吹蜡烛吗？我一边胡思乱想，一边缓缓转身。刹那间，我惊呆了，映入我眼帘的是一片"星星海"，古诗中的"疑是银河落九天"大概也不过如此吧！耳边转来杨瑞老师颤抖的声音："这里亮着的每一颗都是被你擦亮的星星。"望着那片"星星海"，我再也忍不住了，掩面大哭，"钢铁直女"的心理防线完全崩塌，终究，我内心再强大，却每次都能被老师戳中软肋。

学员们陆续冲上来抱住我，大家哭成一片。我的闺蜜把我从人群中扒出来，此刻方才看清，她比我哭得还凶，一个劲地说："唐君，知道你为我好，所以我从贵阳来了。知道这次你特别难，你是一个值得交往一辈子的姐们儿。"什么叫哭到断片儿，我也算是经历过了，谁抱着我哭、说了什么全然不记得了，完全要靠清醒之后大家给我复述。

课程结束几天后，我快速把账目盈亏表、分润表等各种结算报表呈交总部，课程报名以及复购成交金额合计约47万元。总部嘉许称，这是2021年度各项汇报效率最高、最省心、利润最高的一次社群实战营。

说到这里，大家还记得一开始给我下任务的新商创始人王辣辣吗？按计划，在课程的第三天，她会来给学员们分享新商业女性在2022年的战略方向。在传统企业工作过的人都知道，CEO从总部来支持，一定要有隆重的接待，如接机、安排住宿、安排用餐等等。辣辣来之前跟我说，你的重点是交付好本次课程，至于我的吃、住、行，你都不用管。说实话，我心里是忐忑不安的，这要在传统企业，差不多我的职业生涯也就这样了。当晚下课，我慌慌张张地来到辣辣的房间,看到她一脸憔悴(连日的三周年直播,加上坐了9个小时的火车)地吃着外卖,我不禁心酸:一个身价估值过亿的企业家身上没有一点傲气。在后来的庆功宴上,她温和地对我说:"啥时候你把我当作普通人,和你一样平等,你就穿越传统的限制性思维了。"

在过去,我们为什么不敢靠近权威呢?很可能是原生家庭的教育,或者早年创伤导致的。回想我自己就是在被打压和极度自卑中成长的,成年后,我不断地想证明自己,证明自己优秀,证明自己独立,这些证明也是为了得到父母的认可。所以,在工作中,我容易把自己的老板、上司投射成自己的父母。这个原本我觉得无法完成的项目,我在做的过程中不断突破自我认知屏障和限制性思维,不断地接纳自己。这也让我领悟到了:不论是学习,还是工作,都需要靠不懈努力来提升个人能力。请再不要把自己事业不成功、生活不够好的原因推给命运,那些足够优秀的女性胸中都有着宇宙一般浩瀚的大格局,她们清醒地知道:运气只会落在有能力的人头上,因为有能力的人一直在不断努力。

每一个光鲜亮丽的人,背后都在努力拼搏。坚持耕耘,我们终将向阳而生!

最后祝愿每位女生都可以做到经济独立、人格独立,心中装下一个世界。

王淑玲

新商业女性未来生态CEO

新疆和田玉私人订制供应链

个性订制旅游规划师

扫码加好友

王淑玲 BESTdisc 行为特征分析报告
SIDC 型

新商业女性 New Business Women

报告日期：2022年02月25日
测评用时：30分10秒（建议用时：8分钟）

丰富的阅历让王淑玲对人对事都看得通透，性格上平衡感十足，D、I、S、C 四种特质都在中线附近。假如有需要，她可以调动相应的特质出来，应对不同的场景需求，不会出现"抓瞎"的情况。与她交往时，人们会感觉她热情、友善和自信，但又留有余地，不会咄咄逼人。她非常有才能，往往是独立自主的问题解决者。王淑玲留给别人的印象是敏感机灵、反应迅速、有创新能力，多样化、富有挑战性的任务能够激励她。

遇到压力和挑战，她的 S 特质会凸显出来，她会选择忍耐和坚守，不会声张、诉苦，也不会轻易退缩。

靠近我，温暖你

你好，我是"新疆玉王"王淑玲，靠近我，温暖你！

每个人都有自己的故事，坐下来，静下心，听听我和金钱的故事，希望给正在努力的你带来一点点温暖和鼓励。因为，我相信，50岁的我可以，年轻的你也一定可以，并且会比我做得更好！

缘起——因为五块钱，我与金钱成功结识

我与金钱的故事要从我上小学时说起，那是在40多年前，物资匮乏的年代，当时，学校的一位老师计划要去上海出差，出发前一周，他在班级黑板上列出了一些可以在上海帮忙代买的名著，一本只要五毛钱。于是，那一整天我都沉浸在选书的兴奋之中。经过一天的挑挑选选，在放学后，我终于整理出了一页书单，大概只要五元钱。就在我满心欢喜地带着书单回家、问妈妈要钱时，金钱却无情地给了我当头一棒！

在那个人们每天都在为不饿肚子而拼尽全力的年代，家里哪里会有余钱？我实在太想买那些课外书了，于是号啕大哭，试图通过眼泪让父母妥协！妈妈在我的眼泪攻势下心软了，指向家里自己辛苦种的蔬菜说，你把这

些菜拿去菜市场卖吧,用挣的钱去买书。

从那天起,在父母的帮助下,我每天早晨提前两个小时把菜带到早市上去卖,收摊后再去上学。在经历了一周的卖菜生活后,我终于攒够了五元钱。直到今天,我依旧还记得那个晚上喜悦的心情,我把挣来的每一毛钱都一张张铺展、摊平,数了一遍又一遍,兴奋得睡不着觉。第二天一大早,天还没大亮,我就拿起这五元钱冲向了学校,在班主任的办公室门口,伸长脖子期盼老师的到来。当清晨的阳光洒向大地时,班主任身披着金光到了,他还没开口,我就举起手里的五元钱说:"老师,我来交代买的书费!"班主任却两手一摊,无奈地告诉我:"你来晚了,昨天那个老师已经去上海了。"我只好一路哭着回家了,到家准备把钱给妈妈时,妈妈却拒绝了,说:"钱你自己留着吧。"

从那天起,我就暗暗发誓,一定要存钱,不管用不用得到,都不再让自己轻易留下遗憾!在后来的生活里,挣钱和存钱变成了我除去学习以外的兴趣,只要一有时间,我就带着兄弟姐妹还有同学们一起去捡棉花、拾麦穗、摘啤酒花等。

缘生——跌跌撞撞的学生时代,让我对金钱有了进一步的认识

到了上中学的时候,我在学校里也发现了一些挣钱的机会,比如,在那个年代里,大家都比较喜欢的广播电视报,销量很稳定,需求量也比较大。我就组织同学、朋友一起去卖报纸,让身边的人都有了一个稳定的赚零花钱的渠道。

爸爸妈妈经常回老家探亲，会带回内地一些便宜、实惠的日用品，有一些在当时的新疆是比较少见的，我就去找成本低又比较实用的带回来卖。比如，当时打扫卫生用的笤帚，内地的质量好，还特别便宜，我就让妈妈帮我发回来一些，我去各个学校推销，挣差价。这个时候，我了解到金钱的第一个特质——流动性。原来信息的差异化、地域之间的差距，造就了金钱从南到北的流动。

高中毕业后，我怀揣着1000元，去了乌鲁木齐上大学。那个年代的很多大学，只要考上都是免费的，而我就没有这个福气，上了一所需自费的大学。当时学费是900元，剩余的100元当作三年的生活费，我就这样开启了丰富多彩的大学生活。

三年后，大学毕业，除了带回一本毕业证，我还将初始的100元生活费变成了2000元，带回了家。记得在那时的校园里，一个个子小小却背着大大双肩包的我，每天辗转于各大校区的宿舍楼里，一间间敲响宿舍门，兜售生活用品，如口红、眉笔、香水、袜子等等。

节庆时，我又去一个个找班委们推销瓜子、糖果、拉花这些联欢会的必备品。寒暑假就去批发市场采购一大批东西，带回家乡来卖。开学再带上家乡的好东西到学校去卖。这时，我认识到了金钱的第二个特质——需求性。原来并不是便宜的东西就可以卖出去，而是有需求才可以挣到钱。

缘深——团队才可以快速完成金钱的积累

毕业那几年，最流行做俄语翻译，我刚好学的是外贸俄语，就顺势在乌鲁木齐的一家国企找了份俄语翻译的工作。入职前，我决定回家，好好陪父母几天，但就是这个决定，让我的人生瞬间从平稳走上了一条跌宕起伏的道路。

我决定回到家乡,留在哈密!促使我作出这个决定的原因是:父母双方的亲戚们有着完全不同的生活状态。两方的亲戚都是踏实能干的人,但生活水平完全不同!妈妈的亲戚家普遍都特别穷,爸爸亲戚却相对富裕一些。

深入了解后才发现,舅舅们去远方打工挣钱,舅妈们在家里种地,别人种啥,她们种啥,辛苦一年,收入却极其有限;而叔叔那边就完全相反,大家都不出去,就在家门口忙碌。一个村的人都去养鸡、养猪,吸引了很多小商小贩到家门口交易,没有远行,却有着比较可观的回报。

这让我看到了远行不一定能挣到钱,在家门口也拥有挣钱的机会。正好父母年龄也大了,还在面朝黄土背朝天地忙碌,家中的其他兄弟姐妹都不在身边,所以我放弃了俄语翻译的工作,决定留在父母身边,留在哈密,从养鸡开始自己的创业之旅。

父亲却无法理解,每天骂我,说辛辛苦苦地供你读书,就是为了让你不重复走我们的老路,去种地、养牲畜。结果倒好,你大学毕业,好好的工作不要,来养鸡!早知道还上什么大学,初中毕业你就来养鸡、养猪,然后早早嫁人了不是也挺好的嘛?妈妈虽然也无法理解,但她很支持,她认为:"我丫头靠自己的双手挣钱有什么丢人的?上了大学更加能用科学的方法来养殖。"

事实上,我通过自己的努力和妈妈的支持,用了一年半的时间,自己养鸡、杀鸡,去市场卖鸡肉、鸡蛋,成了我们村里第一个买三轮车的人、第一个装私人电话的人,也成了村里争相学习的对象。村里有很多的人开始像我一样搞养殖,大家慢慢都买了三轮车,一步步加大了养殖规模。就这样,我成了我们村里最有影响力的年轻人之一,经常组织大家一起来进行一些研讨和学习。

一次偶然的机会,我发现我们哈密开了第一家化妆品店。我也想开一家这样的店,但对化妆品行业完全陌生,不知道怎么起步。我就想了一个办法,通过关系找人去跟老板直接谈合作,能不能把他的货先赊给我,我先销售,每月去结账。起初老板不同意,最后找了人担保,同意赊2万多块钱的货给我。我在农村找了店面,开始了我的又一次创业,我又成了在附近乡村第一个开化妆品店的人。

开业第一天,我只进账了12块钱,一个月以后,每天稳定有300块左右的流水,大半年的时间后,每日营收也有一两千块的突破。我把我的收获分享给村里的人,一些乡亲也开始陆续去菜市场或街道租铺面,做起小本生意。

在这期间,大家也遇到过一些问题,非常希望有人能够引领和指导。我就义务组织大家一起讨论、学习。我开化妆品店的时候,我的双胞胎姐姐毕业了,分到了学校当老师。那个时候,她的工资是底薪250块钱,讲一节课是两块五毛钱,而我一个月的收入差不多是她的20倍左右,这让我更加坚定了创业的信念。

1996年年底,我准备号召大家一起开化妆品店,扩大规模,带大家一起挣钱。正当我准备大干一场的时候,我的家人看到了一个招工启事,是保险公司在招人,家人让我去应聘。迫于无奈,我去参加了面试,当时想着反正也面试不上,没想到我被当场录用了,还是直接当班长,化妆品店就给了我的大哥大嫂。

也是这15年的保险公司工作生涯,让我爱上了销售这个岗位,走上了带领团队的这个舞台。

15年的时间,让我从一个"小白"变成销售冠军、团队经理。在从业的第10年,也就是2006年,团队的销售流水过亿、保费过亿,自己的收入也年年增长,积累了很多人脉。但生活不会一直这样"高光"下去,在2008年北京奥运会的那一年,我经历了非常严重的车祸,住了两个多月的院,头部、身上多处受伤。医生建议静养两年,但我当时完全沉浸在工作当中,大概两个月以后出院,就直接去上班了,导致了非常严重的后遗症。身上的疤痕、疼痛折磨得我整晚整晚睡不着觉,靠着褪黑素过日子,慢慢地,我的脾气开始变得暴躁,直到有一天晕倒在工作岗位上。

时隔两年,我又再一次躺在了医院的病床上。家人的看护,让我在医院的这20天里终于脱离了工作的影响。在这20多天里,我反复问自己,这样的生活是我真正想要的吗?出院后,我决定辞职。

回想这 15 年的保险生涯,我直接带领的团队小伙伴累计有上千人,有很多现在都成长为保险公司的老总。我间接影响的小伙伴也有上万人,为哈密的保险市场培育了三分之一以上的专业人才。我也创造了很多销售奇迹,至今无人打破。我非常享受和大家一起赚钱的这种感觉、与团队一起战斗的氛围。

缘聚——在新商,武装自己,金钱和我越来越有缘

2010 年辞职后,我在家里休养,身体恢复后,帮着家里打理一下店面。有时一个人坐在店里,实在不甘心就这样平平淡淡地养老。我又开始了第二次创业——团购礼品。从 2 万块钱的样品开始,带着样品一家一家地去跑,慢慢生意就好起来了,在本地做得风生水起。在 2014 年的时候,身边的人开始喜欢出去旅游,我觉得这是个新的商机,我就兼职做起了旅游销售,就这样边玩边挣钱。很多和我一起做旅游的朋友都挣了钱,我又成了乡亲们眼中的香饽饽。赚钱对我而言,似乎和喝水一般简单,但这时,人口的红利已经逐步消失,而我却沉浸在开店就能挣钱的喜悦中。

2017 年,在没有做任何市场调研的情况下,我在玉石市场投资了一百多万元,拿下近 600 平方米的店面开玉石店。新店开起来之后,国内的实体经济开始呈现下滑的状态,新疆又开始了维稳安保的政策。店面很大,装修也很豪华,但是没有客户来,实体生意开始举步维艰,我的投资就这样无法产生任何的收益。

2019 年年底,我做了方向上的调整,计划在 2020 年靠旅游带动我的玉

石店的业绩。我准备大干一场,接了很多春节的出境旅游单子,结果疫情来了,旅游行业基本停摆,也直接让我的负债更多。那时的我依然还抱着乐观的心态,相信一切会很快过去。我在隔离的日子里,学电商、学抖音、学直播。解封后,我满怀雀跃的心情,想着终于可以开店了,却发现根本没有人上门。我尝试坚持在抖音上直播,每天直播四五个小时,说到口干舌燥,直播间依旧没有多少人气。每个月的房租、水电等都压得我喘不过气来,做了这么多年生意的我第一次没有了方向,陷入了巨大的焦虑之中。当时的我,并没有意识到是我的认知限制了我的发展。

直到我的闺密丽娉带我进入了新商业女性,接触了新的商业思维,才为我打开了一个全新的世界的大门——人永远没办法挣到你认知之外的金钱。

2020年的6月底,身无分文的我拿着妈妈给的3000块钱,背着老公给我的一包玉石,独自去了深圳,参加了新商业女性的创业大会,一路走到创业营。在这里,我认识了胡萍校长、金大大、王辣辣、杨瑞老师、张琦姐等新商业女性,提升了我的认知,扩大了我的圈层,打破了自己事业上的天花板。在第九期的创业营中,我的商业模式得到老师和同学们的反复打磨,最后路演项目——私人高端玉石的定制获得了胡萍校长和金大大的投资,这给了我极大的信心,也坚定了我未来的使命,让世界看到新疆,让新疆走向世界!

这两年,我通过在新商业女性平台上的不断学习,了解了社群,学习了线上运营,在线下做各种沙龙活动,带动身边更多的女性参与进来。我在自我不断成长的过程中,收获了知识,也不知不觉还了近二百多万元的外账。

这几年的经历,让我更深层次地认识到金钱的本质。在帮助人们调配好资源的过程中,也让我看到了我和金钱的关系。当我的认知提高了、格局打开了之后,我的心态平和且充满喜悦的能量,金钱自然就围绕在我身边。

在我人生的第50年,我有幸走入了新商业女性,希望我以后能够影响和帮助更多的女性!

未来,我将带领我们哈密的小伙伴,一起把矩阵直播做大、做强,把新疆IP搬上世界舞台。

朱媛

故事赢家销售力授权讲师
心理疏导师
新商业女性未来生态CEO

扫码加好友

朱媛 **BESTdisc** 行为特征分析报告
CS 型

新商业女性 New Business Women

报告日期：2022年02月25日
测评用时：07分33秒（建议用时：8分钟）

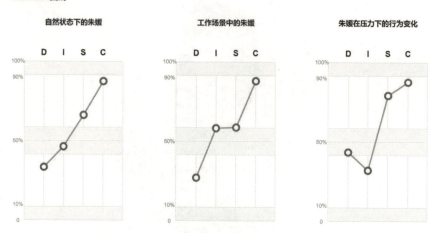

朱媛低调、友好和谦和，她关注准确性和细节性，做什么事都倾向于做好规划，考虑细致妥当。在专业范围内，朱媛能准确界定任务和项目所需的时间和难点，因此如果有充分的授权，她就能把事情统筹好。

朱媛有坚持不懈的可贵精神，办事可靠，而且顾及他人，面面俱到。加上她温柔的性格，从不强迫他人，因此在"日久见人心"的社群或团体中，她往往能收获细水长流的好人缘。

在面对压力时，她既能坚持对细节和质量的高标准要求，又会更S（耐心、稳定、关注他人感受），这无疑是一位可以并肩作战的好战友。

马车婚礼的素人公主

作为女孩子,好像都有个公主梦。小的时候,记得大约是20世纪80年代末90年代初,流行蓬蓬的公主裙。虽然那个年代用的是粗糙的化纤面料,穿在身上并不那么舒服,但是,倘若哪个小朋友穿了件白色或粉色的公主裙到幼儿园来,总能吸引众多艳羡的目光。连老师也会在午睡后,帮"小公主"把头发高高扎起,梳上公主发髻,再细心地用发夹固定住。

女孩子们还喜欢用手帕或边角布料给娃娃细心装扮——穿条小裙子、戴个头纱,有的女孩还会偷偷用妈妈为数不多的化妆品给娃娃画上口红、胭脂。总之,就是要把娃娃打扮得漂漂亮亮的。抱着这么个漂亮娃娃,仿佛自己也就成了公主。

我呢,也不例外。从小无数次幻想,当我穿上公主裙时,会有个王子骑着白马来接我。我还经常和女孩们玩"过家家",不过呢,长相平平的我,从来也没机会扮公主,只能在旁边撒花。

可随着年龄的增长,我逐渐意识到,公主似乎只活在古代或童话故事里。哎呀,现实点吧,我们平民老百姓,又长得如此普通,怎么可能做公主呢?这个公主梦好像到了初中后,也就没再做了,或许只是小孩子的幻想吧。

大学毕业、工作两年后,我到了适婚的年龄。周边的女性朋友们陆陆续续开始筹婚,我也不例外。当时,在本地有个很有名的BBS论坛,专门有筹婚的版块——"结婚完全手册"。那个火爆程度,比得上这个年代的某抖、某书。每天新增帖子无数、灌水无数,版主会发起各种点赞积分激励活动,

第十章 资源:身后一片星星海

奖品可以兑换抵扣各种婚纱礼服券或是婚庆周边等礼品。

大学毕业没啥积蓄，又是普通老百姓家庭，我为了能让自己未来的婚礼有那么一点点不一样，也开始试着每天发帖子，在别人的帖子下面互动，以赚取积分。在这个过程中，我在虚拟的网络世界里认识了一群真实的准新娘姐妹。

我们亲切地喊网名，姓名是虚拟的，感情却是真挚的。我们一群网络筹婚新娘，在线下时常组织一起探店、一起品尝美食、一起讨论准新郎的种种情况。我们一起筹婚，互相出出主意，累了、委屈了，也相互打打气。似乎在结婚这件事上，女人总要比男人更上心些。

一次周末午餐聚会，一个胆大的女孩提议，咱们下午就提前去试穿婚纱，互相拍照吧！男人对这个没那么在意，咱们自己互相参谋参谋。"好主意啊！"我们应声附和，几个女孩子就这么浩浩荡荡地来到婚纱礼服馆。

脱下平日的宽松装束，第一次换上合身、华丽的婚纱，露出锁骨处白皙的肌肤，站在大大的满墙的落地镜子面前，我们每个人眼睛放光，被镜子里的可人儿惊艳到。我对着镜子左转转、右转转，再来个360度缓慢旋转（新娘子的矜持样还是要有的），心里偷着哈哈笑，想着：哎呀，你怎么可以这么美？！小样儿，你穿个婚纱也挺有公主相嘛！

自从看过自己穿婚纱的样子，我就时不时想真正地穿上它，于是旁敲侧击地找机会问准新郎："啥时候结婚啊？"我们恋爱6年多，几乎从不吵架，周围的人都觉得我们就差个证而已。于是定了一个日子，让两家人见面，敲定婚礼日期。然而，恋爱是两个人的事，结婚可是两家人的事。没想到一言不合，长辈们居然坚决不同意这门亲事。我第一次体会到什么叫惊喜变惊吓！这种狗血电视剧的情节居然就这么真真切切地发生在我的身上。

沮丧了几天，那个穿着婚纱的自己让我念念不忘。我开始望梅止渴，每天一有空就眼巴巴地看论坛，祝福有各种新进展的姐妹们。我每天依然发帖子、写评论，虽然我知道我的婚期遥遥无期，但我内心也确定一点，我终将会成为新娘，像公主一样，穿上婚纱，等待我的王子来接我。

一天天、一月月，转眼两年过去了，时间到了2008年。这两年，我从默默无闻的灌水"小白",成为筹婚"小灵通",几乎关于婚礼的各种细节,如哪家的婚纱、礼服上新,哪家的钻石戒指性价比高,哪家饭店婚宴大厅大气、没柱子,哪家婚庆公司什么风格,哪个跟拍、跟妆风格是偏欧式还是韩式等,我如数家珍,时常主动给别人提建议,也因此变成了筹婚版的小红人。

一家婚庆公司的老板见我贡献很大,邀请我做网络管理员,时常带我一起出席本地婚庆届的活动。也许因为我一直把自己当作准新娘,所以我给的建议时常让新人们欣然采纳。我似乎多了份兼职——婚庆策划义工。

2008年5月,突发汶川大地震,看着电视里的新闻报道,我不禁感慨:"今日不知明日事,人的生命好脆弱!"我试探性地问正在一起看新闻的爸爸,小心翼翼地说:"爸,你看人生短暂。"老爸就是老爸啊,没等我继续说下去,他就接着说:"是不是想今年把婚礼办了?"我点点头:"嗯呐,爸,我知道你想我有更好的归宿,可什么才是更好的呢?老公是我选的,未来无论如何,我都会为自己的选择负责。眼看我就要30岁了,看着电视上的种种,我不想再等了。"老爸也点点头:"好吧,这是你选的,你们商量好结婚日期,今年就办了吧。老爸没意见,也不会有什么支持,选了日期通知我出席就行。"

我迫不及待地把消息告诉了准新郎,并在婚庆版发帖宣告:"我今年确定要办结婚仪式啦!!!"评论区的祝福如雪花般飞向我,尤其是婚庆公司的老板,除了恭喜,还说要为我庆祝。他说一路看我筹婚,给版友姐妹提建议,终于轮到自己了。为我开心之余,他要邀请本地有名的婚礼策划、司仪等朋友一起,为我见证幸福。我心想:怎么好意思让人家请客?还是不要了吧。转念一想,有一桌婚礼策划、司仪在,能为我的婚礼环节出谋划策,何乐而不为?我就欣然答应了,想着到时候我悄悄去结账就好(后来,我才知道这是我老公策划的,请客的饭钱自然也是他悄悄出的)。

在饭桌上,婚庆界的朋友们举杯为我庆祝,婚庆老板问:"你的婚礼打算怎么操办?细节你门儿清,这两年你为婚庆版的管理付出了很多,只要我们能办到的,你尽管提!"其他人也齐声应和:"是的,你都几乎是婚礼策划的专家了,你就大胆想。"我看看准新郎,他也点头表示支持。

第十章 资源:身后一片星星海

我要个特别的婚礼。——特别？怎么个特别法？

热气球婚礼？——本地不适合放飞，没有基地。

游艇婚礼？——长江边倒是有，就是这婚期在12月31日，零下的气温，且不谈穿着婚纱，寒风凛冽，江风猛吹，宾客们裹着羽绒服，这画面也不好看啊。

那些在脑海里徘徊了2年的古灵精怪的想法——被否决。我有些低落，双手托着腮帮，小声地嘀咕了一句："我想做一天的公主。"——公主？！准新郎随即端起酒杯，"各位大哥大姐，我老婆说想做公主，有什么办法可以让她实现？"

一位礼仪庆典公司的老板胡总说："我倒是有个道具可以派上用场，就是目前还在图纸设计阶段。近期太忙，还没提上制作日程。"

"那是什么？"我突然又来了精神。

"马车！"

"哇哇哇，有马吗？你是说我可以穿着婚纱，让我老公驾着马车来迎娶？"

"是的，有马，真马。附近50公里有马场，可以用卡车拖马，就是这马车得设计、焊接。"还没等胡总说完，准新郎插话道："胡总，有你一句话，剩余的事交给我！"

接着，在场的一位大姐说："舞台灯光交给我，我给你加用专业舞台灯光。坐马车穿婚纱不合适，我给你推荐欧式宫廷礼服，你们小夫妻改天去试穿。"

我瞬间感动得落泪，一边抹着眼泪，一边只会哽咽着，傻乎乎地说："谢谢！谢谢！"

2008年12月31日，我穿上淡紫色绑带的欧式礼服，头戴同色系的礼帽，挽着穿着同色系欧式礼服、宛如帅气王子的老公的胳膊，像公主一样走出家门。伴随8门礼炮放射礼花，8位"士兵"手举剑阵，一步一步走向停驻在家门口不远处的马车。现场里三层、外三层的人笑意盈盈地围观，仿佛整个小区里的人都跑了过来，隔壁小区楼上的邻居也纷纷打开窗户，投来注目礼。

是的,我的童话故事成真了!我的公主梦成真了!我的王子真的驾着马车来接我了!

婚礼当晚19点,我穿着3米长的拖尾婚纱在婚宴大厅门外候场时,突然手机响起,是我多年未曾联系的小学同学:"朱媛,我妈妈说刚刚在电视上看见你了,你是今天白天坐着马车结婚的吗?真的是你?"

"是我,是我,我此刻正准备进入晚宴现场呢!"

"恭喜恭喜啊,你太了不起了!结婚也被电视报道!"

"啊啊啊啊,我的马车婚礼上电视啦!"挂了电话,我不禁喊出了声。

第二天看电视回放,才知道当晚我的婚礼被当地的卫视报道,随即全国各地的卫视纷纷转播,并且本地报纸全部用图文报道,我实现了素人像公主一样坐马车出嫁!

马车婚礼,对于我而言是终身大事。对于各位而言,可能只是茶余饭后的一件趣事。可从这个经历中,我看到了自己内在的力量。

生命是一种缘!守候真诚与善良,坚持期待与梦想,认真对待生活。让一切顺其自然,相信一切都是最好的安排!就像那句名言,"梦想还是要有的,万一实现了呢?"祝福看见这篇文章的你,同样梦想成真,拥抱幸福!

编后语

谢菁

新商业女性COO
ICF国际认证教练
《中国培训》封面人物

扫码加好友

谢菁 BESTdisc 行为特征分析报告
ID 型

新商业女性 New Business Women

报告日期：2022年02月26日
测评用时：06分01秒（建议用时：8分钟）

BESTdisc曲线

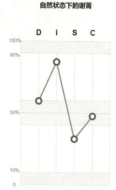 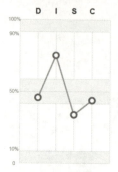 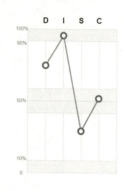

D-Dominance(掌控支配型)　I-Influence(社交影响型)　S-Steadiness(稳健支持型)　C-Compliance(谨慎分析型)

　　谢菁随性、爽朗、自信，她从来不担心自己受欢迎的程度，仿佛天生的幸运儿。但这种幸运源于她的主动，她会主动抓住机会、主动参与、主动创造。因此，她的魅力自然而然地显现，其他优点诸如热情、有影响力、机警、勇气十足等等也就随之而来。

　　和她在一起时，人们很容易便能感受到她的内心力量，并被她感染和激励，因此，她会受到人们的喜爱和支持。

人生下半场，开启少女时代

我最近喜欢说自己是少女，都说少女怀春，而我怀旧！

可能是，人生来到了下半场。

借着这次新商出书，我来写写自己的故事，目的有二：一是希望结交到品性相近的你，成为好朋友；二是对正处在人生上半场的你，多少提供一些借鉴意义。

从小到大，我一直想成为父母的骄傲，或者是在骨子里想证明自己吧。学习上，我没能让父母骄傲；在工作上，我就尤其地努力。没有高学历，没有人脉，那就靠努力！第一份工作，我在郊区商场做促销员，因为业绩突出，被调到市中心最好的商场，很快成为全市销售冠军，再升职为业务员，后来成为负责半个省的业务经理。这个职场启动的过程，我用了一年半的时间。2000年，我成为全国最年轻的大区经理，年终奖拿到了五位数。我成为父母的骄傲。他们在邻里面前骄傲的表情，让我可以像金霸王的小兔子一般，永远满格"电力"地全速前进。

第一次，带父母去西餐厅，偷偷教他们刀叉的使用方法。

第一次，带父母出去旅行，勤俭持家的他们，破天荒地买了当地特产，说要给邻居分享（背后的寓意，我不用说，你们都懂，哈哈）。

第一次，带父母出国，去办护照的时候，我感受到了他们的兴奋和幸福！

第一次，……

第一次，……

一次遇到父母的同事，见面就夸我，夸我啥呢？原来，我爸在外面"显摆",说他全身上下都是女儿给买的,从帽子、衣服、鞋子、到手表、手机……

写到这,我也特别想和大家说,如果你已经开始工作了,就不要给父母钱,尽量给他们买东西,陪伴他们出远门,因为给钱,他们也舍不得用。

如果,你是父母,那就想想一辈子图的是什么?

孩子刚出生,希望孩子健康;

孩子上学了,希望孩子成绩好;

孩子工作了,希望孩子有个好工作;

接下来,是希望孩子嫁得好(娶得好);

最后呢,只有一个目标,能常回家看看。

一辈子很长,一辈子也很短,那就关注我们可控的事情吧!

孩子常回来看看,我们可控——因为他们回来的次数,和我们的态度极其相关。大家想想是不是这个理?

如果到头来,最想拥有的是陪伴,那在一起亲密相处的头18年,为啥都在为了分数去闹不愉快?

人这一生,家庭很重要!

融洽关系,不容易,需要智慧,更需要以终为始地想清楚自己到底要什么?

把事情想明白了,就简单了。

我的事业一帆风顺,还找到一位"天使"老公:好脾气、好家教、书香门第、儒雅、幽默、帅气、有才华……更重要的是把我捧在手心,对我无条件地爱和支持。

我一直说,"天使"老公是老天送我的礼物!因为我在童年没有和父母在一起,所缺失的爱全被老公加倍补回来了!

所以,我特别地感恩!感恩生命中的一切!哪怕遇到困难,也会感恩。因为这一定是给上天一个理由,接下来送我一份大礼。我是不是很有"阿Q"精神,嘻嘻!

我的很多朋友都说,喜欢看我的朋友圈,因为永远阳光积极!

对啊,开心也是一天,不开心也是一天。你会怎么选择呢?

有人会说,有些事,我不可控啊,所以……

那我推荐你去看下《第三选择》这本书,它对我人生的影响很大。

哪怕在集中营里生命时刻受到威胁的人,都有选择权——选择用乐观的态度去度过每一天。自由的我们,更加拥有这个选择权。我们不能决定事情按我们想要的方向走,但是,我们可以选择在事情发生后,我们用什么情绪和态度去面对。

童年的经历,让我养成了讨好型人格。

在乎和平,不想得罪人;守护规则,生怕周围人违反规则,给我带来惩罚。

当我的事业一帆风顺、不断升职,成为合资企业的高管时,在风光的背后,我极度焦虑和痛苦!

我的工作岗位要对员工严格要求,这和我的生存人格出现了冲突。我极度拧巴,非常痛苦!

讨好型人格,一直让我活成别人眼中应该有的样子。

在事业上,我非常努力地扮演着"完美"总监的样子。

作为高管,我应该穿着职业套装、脚蹬高跟鞋;

作为高管,我应该最早到、最迟走;

作为高管,我应该代表公司,言行举止都要考虑分寸;

作为高管,我应该有格局,对于员工的错误要包容;

作为高管,我应该没有情绪;

……

直到有一天—上班,我接到总经理办公室的电话,说总裁建议我把每天早安分享中的问候语,"猫宁"改成"morning"。

我崩溃了!

我是谁?

我不是自己!

我没有自由!

我是一个工具人!

上台发言,都是总部给我写好的稿子,只是从我的嘴巴里说出来而已。

我太痛苦了,整夜整夜地睡不着,又不想让家人担心,于是在家里也扮演一路顺遂的样子。

我开始开导自己,看在高薪的份上,咱低头吧。好的,我认怂了!

这份高薪,可以让孩子有很好的教育机会,可以让父母继续骄傲,好的,我认怂了!

直到,我遇见辣辣!

我第一次见到辣辣,是受朋友邀请,参加一个特别"高大上"的课程。朋友和我介绍说,来的是一位她很佩服的女性CEO。

在我非常期待的眼神中,她走进会场。我大跌眼镜——她穿着背心、短裤和拖鞋……

一脸灿烂的笑容,伴随着大家自发站立起来鼓掌,她穿行在会场中,和每一位她认识的人打招呼,瞬间点燃全场。

我从一丝不悦(觉得穿着随便是不尊重大家)到看到大家的反应,开始好奇,到听完她的分享,我决定加入新商的城市合伙人。

真的,是不是有点戏剧性?

她让我看到人生竟然还有这样的选择权——收入和自由,可以兼得!

她,像精灵一样,自由灵动。

我,被她深深吸引。

因为,我想和她一样呀,做个真实、自由的人。

曾几何时,我被职场PUA,套上了伪装"高大上"的职业面具,我不再是自己,我只是公司的一个"工具"。我不再是我自己,我活成了一个职业。别人想到我,不是我的名字,而且某某公司的谢菁,或者某某行业的谢菁,我把自己的整个人生套进了职业里。

在云南,这块有灵性的土地上,我参加了辣辣的网红营。我终于在人生上半场收官的时候,把自己从精神的牢笼里释放了出来!

我活成了我自己,就是谢菁!一个可以畅快笑、畅快跳的谢菁,一个可以真实、自由表达的谢菁。

我第一次知道"人格IP"和"职业IP"的区别,知道了市面上"打造职业IP"和辣辣的"活出人格IP"之间的区别。前者是流水线作业,看起来起步快,实则毫无竞争力;后者起步很慢,陪伴你,和用户在一起,找到你的人格IP。

经常,我从用户反馈中找到的特点,是自己忽视的。我看到过多次,不自信的女孩被新商擦亮,闪闪发光,带着这份光彩和自信,回到生活中去拿结果。每次,都让我感动不已,也更加觉得这份事业有意义和价值!于是,我毅然决然地加入到这个"擦星星"的事业中来。共同完成新商的使命:助力中国女性崛起,让每个女性经济独立、人格独立,拥有美好的人生。每每想起这个使命,我会更有力量!在帮助别人的过程中,自己也在不断进步。

从外强中干的女强人菁姐,到内心满满力量的二哥,再到成功蜕变后的柔美少女菁,现在被团队宠成允许随时躺平的菁宝。我的人生上半场已经完美收官,我拼搏努力,收获了事业的成长,用心经营我的家庭,现在开始人生下半场,我要做我自己,真实、自由的自己,开启我的少女时代!

最后,也祝福此刻在阅读此书的你,生活自由、幸福、美满!